순리가 세상을 바꾼다

수리가 세상을 바꾼다

김종천 지음

서문

　우리의 삶은 매일 변화하고 있고 예상치 못한 사건들을 경험하고 있다. 어쩌면 사람의 평생은 놀람으로 점철되어 있는지도 모른다. 예상치 못한 사건들에 부딪히면서 어떤 때는 슬픔, 절망, 분노와 같은 부정적인 감정을 느끼면서 인생의 비애를 느껴본다. 그러나 또 다른 때에는 기쁨, 보람, 희망 등을 느끼면서 이 세상은 살 만한 곳이고 인생은 축복이라고 생각하기도 한다. 인생이라고 하는 길다 하면 길고 짧다 하면 짧은 여행길에서 우리가 알 수 있는 것은 한 개인의 생활이나 이 세상의 모습이나 단 하루도 꼭 같은 날이 없고 끝없는 변화를 보여준다는 사실이다. 더 나아가서 이 세상은 어찌 그리도 혼란스럽고 파악할 수 없는지, 이것인가 싶으면 이것이 아니고, 저것인가 싶으면 저것도 아니다. 암만 생각해보아도 자신의 삶도 이 세상의 흐름도 이해할 수 없다. 차라리 나는 아무것도 아는 것이 없다는 소크라테스식의 자기 고백을 하면 마음이 편해짐을 느낀다. 그러나 본시 인간은 탐구심이 많은 존재이고 태생이 겸손하지 못한 존재라서 알고 싶은 욕구를 억제할 수 없다. 인간이 가진 이러한 속성으로 인하여 인간세상이 이만큼 발전한 것도 사실이다.

나에게도 길고 긴 탐구의 세월이 있었다. 학생으로, 선생으로, 연구자로, 저술가로 또는 독서애호가로서 살아온 지난 세월은 알고 싶은 욕구를 충족시키기 위하여 살아온 세월이었고 그 사이 나는 흰서리 내린 나이에 도달하였다. 때로는 지식인으로서의 자기만족으로 내 삶을 위로하기도 하였으며, 또 어떤 때는 그 긴 세월을 바쳐서 얻은 것이 없다는 생각으로 고통스러웠던 시간도 있었다. 그래도 타고난 팔자라 생각하고 서적을 탐독하면서 삶의 기쁨을 얻었고, 도낏자루 썩는 줄 모르고 많은 세월을 보냈다. 그러나 어느 날 문득 나는 무엇을 하였고 또 무엇을 알게 되었는가 하고 자문하면 머리는 온통 혼란과 회의로 뒤범벅이 되었다. 긴 세월의 독서로 내가 얻은 것은 숱한 가설이었고, 그 숱한 가설의 더미 위에서 내가 얻은 깨달음은 이 세상을 명확하게 설명할 수 있는 이론은 존재하지 않으며, 자신의 시각은 스스로 만들어야 한다는 것이었다.

그러던 어느 날 우연히 읽게 된 노자의 『도덕경』은 이 세상을 새롭게 볼 수 있는 창틀을 제공해주었다.

"조화와 순환은 자연의 이치이고 자연의 이치가 세상의 이치이다."

노자가 알려주고 있는 것은 세상을 지배하는 원리는 조화와 순환이라는 것이다. 만약 그렇다면 세상의 이치는 단순한 것이었다. 우리는 때때로 단순한 것을 너무 복잡하게 생각하여 등잔 밑에 놓여 있는 보석을 발견하지 못한 것이 아니었을까? 아니 어쩌면 자연의 이치를 매일 경험하면서도 깊이 생각하지 않은 것일 수도 있다. 마치 잠시도 쉬지 않고 호흡을 하면서도 공기의 존재를 생각하지 않듯이.

이후 나는 이 새로운 창틀을 통하여 세상을 관람하는 재미로 한동안을 지냈다. 그리고 다시 많은 세월 동안 조화와 순환의 이치를 통해서 세상을 해석하는 작업에 몰두하였다. 그리하여 마침내 수년간의 지적인 작업의 결과물이 출현하게 되었다.

개인적·사회적 현상에 있어서 인간의 의지로 바꿀 수 없고 피할 수 없는 부분들이 존재한다. 우리는 이런 부분들을 그저 운명이라고 부른다. 이제 이 책에서는 운명이라고 불리는 그 부분이 조화와 순환이라는 말로 바뀐다. 운명이란 인과를 논리적으로 설명할 수 없는 그저 하늘의 뜻으로 받아들일 수밖에 없는 현상을 표현할 때 사용되는 어휘이다. 따라서 운명이라는 단어에는 인간의 무지와 무력감이 내재되어 있다. 반면에 조화와 순환이라는 말은 개인과 사회의 존재와 변화를 우주적 시각에서 조명해준다.

나는 왜 이렇게 태어나 이렇게 살아야 하는가?
내 삶은 어떻게 변할 것인가?
이 세상은 왜 이렇게 흘러가는 것인가?
이 세상은 어디를 향하여 가고 있는 것인가?

조화와 순환은 이런 질문에 대한 대답이다.

이러한 질문에 대답하기 위하여 많은 역사적 사례들이 개인적·국가적 차원에서 소개된다. 역사적 사례들은 인간사회에서 실제로 벌어진 사건들로서 이 세상을 해석하고 판단하기 위해 가장 중요한 자료이다.

이러한 역사적 사례들은 때로는 연민과 격정 그리고 안도감을 제시한다. 인간 개개인의 삶과 사회의 흐름에는 고통과 혼란 이외에도 우리가 안도하고 박수칠 만한 희망적인 요소들이 분명히 존재하고 있기 때문이다.

그래서 우리는 살아가고 또 앞으로도 살아야만 하는 이유가 존재한다.

인간은 사회적 존재로서 모든 인간은 특정의 사회에 운명적으로 귀속되어 있다. 그로 인하여 사회의 흐름은 인간 개개인의 삶에 직접적이든 간접적이든 영향을 줄 수밖에 없다. 이것은 우리가 인생살이를 하면서 사회의 흐름에 관심을 둘 수밖에 없는 이유이다. 많은 사회개혁가들이 제일 싫어하는 말은 개개인의 힘으로 이 세상을 바꾸는 것은 몹시 어려운 일이라는 것이다. 이 말 속에는 사회적 변화 앞에서 인간 개개인은 무력한 존재라는 것을 의미하기 때문이다. 이는 틀린 말이 아니다. 그렇기 때문에 세상의 흐름을 파악하고 예측할 때에는 개개인의 의지에 초점을 두지 말고 세상을 변화시키는 거시적 원리를 파악해야 한다. 그것은 조화와 순환의 원리라고 할 수 있다. 조화와 순환의 원리는 인간사회 출현 이후로 이 세상을 유지하고 발전시킨 가장 중요한 요인이었고, 그래서 지금도 우리는 더 나은 세상의 도래를 믿고 있다. 조화와 순환의 이치를 터득하면 추악하고 모순으로 가득 찬 이 세상이 경이로운 곳으로 바뀌게 된다. 그것은 인류 역사를 통하여 입증되었고 앞으로 이 책의 전부에서 이야기된다.

내가 이 책의 전부에서 하고 싶은 말은 바로 "희망"이다. 개인의 인생길에서 그리고 세상의 흐름에서 지금은 매우 희미하게 느껴지고 들리듯 말 듯할지라도, 우리가 귀를 쫑긋 세우고 눈을 크게 뜨면 희망의 소리, 희망의 광경을 경험할 수 있다. 그래서 인생은 걸어볼 만한 길이고, 세상은 감상해볼 만한 경이로운 곳이다.

I.

조화와 순환은
세상의 기본원리

조화와 순환은 우주의 기본원리로서 세상의 생성과 존립 그리고 변화를 설명해준다. 노장사상은 조화와 순환의 이치를 기본적으로 자연에서 발견하였다. 여기서 조화란 만물은 자신의 고유한 특성과 역할을 갖고 이 세상에 출현하여 서로 어우러져 균형을 이루며 공존한다는 것을 의미한다. 노자의 『도덕경』에서는 이러한 이치가 "*모든 것은 우주 전체의 조화로운 원리와 상관관계에 따라 순리대로 되어간다*"고 표현되고 있다.[1] 다양한 특성을 가진 만물이 세상에 출현하여 존립하게 됨으로써 이 세상이 조화를 이루게 되는 것은 자연의 세계와 인간의 세계 모두에서 동일하다. 봄날 산 정상에 올라가서 아래를 내려다보면 가장 먼저 느껴지는 것은 자연의 아름다움이고 그다음으로는 자연의 아름다움이 셀 수 없이 많은 다양한 종류의 생명체가 어우러져서 이루는 조화에서 유래한다는 점이다.

또한 인간세상은 어떠한가 보자. 광장의 벤치에 앉아서 지나가는 사람들을 쳐다보면 모두 다른 개성을 지닌 개인들이 이 사회를 구성

---

1) 노자, 『도덕경』, 현암사.

하고 있다는 것을 알 수 있다. 어우러져 공존하는 상이한 것들 중에는 대립적인 성격을 가진 것들이 많이 있다. 인간이 대립적이라고 인식하는 것들이 실제로는 이 세상을 떠받치는 마주 보는 기둥을 이루고 있다. 더 나아가 노장사상에서는 우리가 살고 있는 세상은 대립적인 것들의 조화로 구성되어 있다고 말한다. 예를 들면 하늘과 땅, 빛과 어둠, 물과 불, 남과 여, 선과 악, 정의와 불의…… 등은 이 세상을 떠받치는 가장 중요한 기둥인데, 이들이 모두 대립적인 성격을 갖고 있다. 결국 대립적인 것들의 공존과 균형이 세상의 구성 원리인데 이를 세상의 조화라고 하는 것이다.

순환이란 이 세상의 변화는 한 방향으로만 움직이는 것이 아니고 역방향으로의 움직임이 공존하면서 원래의 위치로 되돌아오는 것을 의미한다. 만사는 그저 한쪽으로만 무한히 뻗어 가는 것이 아니라 한쪽으로 가다가 어느 정도에 이르면 반대방향으로 되돌아온다는 것이다. 시계추처럼 어느 한 쪽으로 움직이다가 그 정점에 이르게 되면 반대방향으로 움직이고, 달도 차면 기울기 시작하고 완전히 기울어 없어진 다음에는 다시 생겨나서 차기 시작하고 그리고 밤이 깊어져서 가장 어두운 시점에 이르면 다시 밝아지고 또한 겨울의 추위가 최고조에 이르면 다시 따뜻해지면서 봄으로 다가간다. 만조에 바닷물이 올라갔다가 간조에 다시 내려간다. 건기가 오래 지속되면 곧 우기가 온다. 오르막길이 있으면 내리막길이 있다. 산봉우리를 넘어가면 반드시 산골짜기가 나온다.

인간세상 역시 자연계의 일부로서 조화와 순환의 원리에 지배받는다고 말할 수 있다. 이 세상 어디에나 선한 인간이 있고 동시에 악한 인간이 있다. 정의가 있는 곳에 항상 불의가 있다. 선과 악, 정의와 불의는 본디 그 대립이 있기에 정의할 수 있는 것이다. 한 집안을 보아도 돈 버는 사람 따로 있고 돈 쓰는 사람 따로 있다. 이 세상에 태어나서 남에게 피해만 주고 살다 가는 인간이 있고 반면에 평생 남에게 봉사하며 살다 가는 인간이 있다.

선과 악, 정의와 불의, 보수와 진보의 대립은 인간사회 출현 이래로 항상 있었던 것이고 앞으로도 인간세상이 존재하는 한 영원히 존재할 것이다.

대립적인 것들 사이에서의 투쟁, 타협 및 공존이 인류역사의 특징이라고 할 수 있다.

서로 다른 다양한 특성을 가진 것들이 공존하고 균형을 이루면서 발생하는 조화는 이 세상의 근본원리이다. 조화는 이 세상을 유지 발전시키는 기본적인 토대이기 때문에 조화가 잘 이루어진 시대는 문화가 발전하고 사회적으로 번영의 시기를 맞이한다. 그러나 사회가 조화를 이루지 못하고 극단적이고 한 방향으로만 진행되는 불균형이 지배하는 이른바 부조화의 시대를 맞이하면 문화가 쇠락하고 사회적으로 침체의 시대를 겪게 된다. 사회발전에 있어서 다양성과 조화의 중요성에 관하여 19세기 영국이 서하 존 스튜어트 밀은 그의 명서『자유론』에서 명확한 견해를 제시하였다. 밀에게 있어서 자유는 조화로운 사회를 만드는 전제조건이고, 이로 인하여 한 사회의 창의력은 증가하고 결국 진보한다. 다수의 사람들과 다른 생각을 갖고 있는 소수의 사람들의 생각과 행위를 인정하는 사회는 진정한 민주사회이고 이런 사회에서 사회적 창의력은 극대화된다. 결국 밀은 진정한 민주사회는 조화를 인정하는 사회이고 조화로운 사회가 가장 큰 발전을 이루는 사회가 된다는 것을 주장하고 있다.[2] 이를 뒷받침하는 주된 근거로서 인류역사의 가장 주된 발견이나 발명은 다수의 사람들이 믿고 있는 데에서 온 것이 아니라 소수의 사람들이 남몰래 믿고 있었던 것으로부터 왔다는 사실이다. 마치 갈릴레이의 경우처럼. 결국 이 세상의 발전을 주도하고 있는 것은 개성이 강한 소수이지 평범한 다수의 대중이 아니다. 따라서 한 사회가 개성이 강한 소수의 특성을 억압하거나 무시하거나 탄압하게 된다면 그 사회는 자신을 발전시키는 엔진에 스스로 찬물을 붓는 결과를 야기하게 되는 것이다.

세상에 조화가 깨지는 일은 일시적으로 있을 수 있다. 그러나 조화가 무너진 상태로 오래 머무르지는 않는다. 만약 세상의 조화가 일시적으로 깨트려질 경우 무너진 조화가 다시 복구되는 방향으로 세상이 변하게 된다.

자연계의 모든 생명체는 순환의 원리에 의한 삶을 산다.

출생이 있으면 죽음이 있고 죽음이 있으면 다시 출생이 있다. 이는 생명의 순환현상이다. 봄에 나뭇잎이 돋아나고 가을이 되면 나뭇잎은 떨어진다. 그리고 다시 봄이 되면 나뭇잎은 피어난다. 새것이 생기면 낡은 것은 사라진다. 그리고 다시 새것이 생겨난다. 생명체로서 한 인간의 평생은 생로병사의 순환의 길이다. 또한 사회적 존재로서 한 인간의 생애는 길흉화복의 순환의 길이다. 국가나 사회도 "흥망성쇠"의 변화과정을 보이는데 이 역시 순환이라고 표현할 수 있다. 물론 국가나 사회의 흥망성쇠가 생명체의 생로병사처럼 시간의 흐름에 의해서

---

2) 존 스튜어트 밀, 『자유론』, 책세상.

자동적으로 결정되는 생물학적 운명을 갖고 있는 것은 아니다. 그러나 국가나 사회의 흥망성쇠는 사회적 운명이라고 불릴 수 있는 어떤 법칙성을 보이고 있다.

순환이 없이 한 방향으로의 운동이 계속될 수는 없는 것일까? 그럴 수는 없다. 단지 한 방향으로의 운동이 생각보다 오래 진행될 수는 있다. 이럴 경우 한 번 역방향으로의 움직임이 발생하면 또한 아주 오래 진행되는 경우가 많아진다. 마치 산이 높으면 골이 깊듯이.

II.

인생은 조화와 순환의

예정된 길

이 세상에 존재하는 만물은 천차만별의 특성을 가지고 있다. 그리고 자연은 모든 존재가 지닌 나름대로의 가치를 존중한다. 이는 장자의 사상으로 자연계에 존재하는 모든 것은 조화의 원리에 입각하여 이 세상에 출현할 때 자신의 역할과 특성이 운명적으로 결정된다는 것을 의미한다.

"우주 만물은 생길 때부터 각각의 쓰임과 처지가 정해져 있다."[3]

여기서 쓰임이란 이 세상에서의 역할을 의미한다. 인간사회에는 천차만별의 사람이 태어나는데 그들의 역할은 출생 시에 주어졌다고 할 수 있다. 또한 처지란 한 사람을 둘러싼 사회적 환경을 의미하는 것인데, 이 역시 출생 시에 결정되었다는 것을 말하고 있다. 물론 이런 시각을 운명론이라고 할 수 있지만, 인생길이 100% 예정되어 있다는 입장에서의 운명론이 아니라, 한 사람의 인생에서 중요한 특성은

---

3) 장자, 『장자』, 풀빛.

출생 시에 주어진다는 것으로 해석해야 한다. 사람이 태어날 때 시대, 환경, 재능 및 성품을 운명적으로 타고난다는 것을 부정할 수는 없다. 즉, 머리를 써서 살아갈 사람, 육체를 사용해서 살아갈 사람, 돈과 인연이 많은 사람, 돈과 인연이 없는 사람, 인복이 많은 사람, 인복이 없는 사람, 파란만장한 삶을 사는 사람, 소시민적 삶을 사는 사람, 리더로 살아갈 사람, 부하로 살아갈 사람, 평화로운 시대에 살아갈 사람, 격동기에 살아갈 사람, 부귀한 집안에 태어난 사람, 빈천한 집안에 태어난 사람 등, 이런 유형은 한 인간이 출생할 때 이미 운명적으로 결정된다. 이러한 개인적 운명은 크게 볼 때 한 사회의 조화를 이루기 위한 자연의 섭리로부터 유래한 것이다. 서로 다른 운명을 갖고 태어난 천차만별의 사람들이 섞여서 조화를 이루는 것이 이 세상의 이치이기 때문이다. 그래서 이 세상은 요지경이지만 유지되고 발전이 이루어지는 것이기도 하다. 플라톤이 한 말 중에서 "인간은 모두 재능이 다르게 타고났기 때문에 각자가 자신의 재능에 맞는 일을 하게 되면 사회는 가장 큰 발전을 이루게 된다"는 이른바 "분업론" 역시 이 세상의 조화 원리를 표현한 것이다. 결국 모든 사람은 이 세상에 태어날 때 자신의 역할을 운명적으로 지정받게 되고 기본적으로 그 틀 안에서 살다가 죽게 된다. 따라서 타인의 삶과 내 삶을 비교하면서 상대적 행복감 내지는 상대적 불행감을 느끼는 것, 사람의 높낮이를 평가하여 차별하는 것 등은 이 세상의 원리를 깨닫지 못한 데서 초래되는 어리석은 짓이다.

불교에서 보는 사람의 운명은 인과와 인연에 의해서 결정되는데, 여기서 인과란 전생의 업(業)에 의해서 현생이 결정되는 것을 의미한다. 또한 불교에서는 현상세계의 모든 것은 고정된 실체가 없다는 이른바 공(空)을 말하고 있는데, 이러한 사고에서는 현상의 세계를 결정하는 것은 오로지 인연의 흐름으로 파악된다. 인연의 흐름으로 인하여 우리는 사물이 생성하고 소멸하는 이치를 알 수 있다. 인연이란 늘 오고 가는 것으로서, 인연이 있으면 생성이 있고 인연이 다하면 소멸이 있게 된다. 또한 우리가 한평생을 살면서 겪게 되는 사건들은 모두 인연에 의해서 출현하고 인연이 다하면 우리 곁을 떠난다. 돈, 권세, 사랑, 명예 이 모든 것은 인연과 함께 찾아와서 인연이 다하면 소리 없이 떠난다. 특정한 시기에 다가온 행운이나 불행 역시 이별의 시간이 되면 언제 그런 일이 있었냐는 듯이 사라지고 만다. 이 세상 모든 것은 만날 때가 있고 헤어질 때가 있다. 따라서 자신에게 다가온 인연과 자신에게서 떠나는 인연을 운명으로 받아들이고 초연하게 대처하는 것이 지혜로운 사람의 모습이다.

사람이 평생을 살면서 어떤 일 또는 어떤 사람과 인연을 맺게 되는데 그 인연으로 인하여 결국 인생의 대부분을 그 일과 함께 보내는 경우를 많이 볼 수 있다. 물론 직업이란 바뀔 수가 있는데, 역할이라는 것은 단지 직업의 종류만을 의미하는 것이 아니다. 사람이 어떤 일을 할 때 그 일 속에서 그가 수행히는 역할의 속성을 보면 이떤 일관성이 존재하는 것을 알 수 있다. 예를 들면 자신의 지적 창의력에 의존하는 일, 남의 명령을 수행하는 일, 타인에게 명령을 내리는 일 또는 다른 사람들을 조직하거나 중재하는 일 등의 속성은 직종과 상관없이 한 사람의 생애에서 일관성을 보이는 경우가 대부분인데 이것을 역할이라고 할 수 있다. 이 세상에는 평생 동안 자유롭게 살면서 자신의 창의력을 발휘하는 사람이 있고, 반면에 평생 동안 조직에 속해서 윗사람의 명령을 수행하는 사람도 있는데, 이것이 바로 사회의 조화 속에서 각자의 역할이 운명적으로 결정된 것이다.

인생이란 과정은 일정한 방향과 속도의 진행을 보이는 것이 아니라 끝없는 변화를 겪는다. 사람의 한평생은 "길흉화복"의 순환의 길을 간다.

이 세상에는 계속적으로 상승의 길을 가는 사람도 없고, 끝없는 하락을 경험하는 사람도 없다. 살다 보면 일이 계속 잘 풀릴 때도 있고 또한 안 좋은 일이 계속 생길 때도 있다. 하지만 인생 전체를 놓고 보면 좋은 시절과 나쁜 시절이 반복적으로 왔다가 가는 패턴을 보인다. 기본적으로 운명주의자였던 장자는 이렇게 말했다:

인생이란 천명에 의해서 결정된 것이고, 천명은 시간의 흐름과 함께 나타난다.

사람은 태어날 때가 있고, 죽을 때가 있으며, 무엇을 얻을 때가 있고 반면에 잃어버릴 때가 있다. 이는 인생이란 끝없는 변화의 과정으로서 시간의 경과와 함께 상황이 바뀌며 변화는 순환의 모습을 보인다는 것을 의미한다. 따라서 인생의 전환점은 시간의 흐름이 만들어 주는 것이기 때문에 인생은 시간의 예술이고 동시에 기다림의 예술이다. 고생 끝에 낙이 온다는 말은 이런 원리를 표현하는 것이다. 그러기에 현재의 고통을 견디지 못해 스스로 목숨을 끊은 사람들이 더욱 안타깝게 느껴지는 것이다.

물론 사람은 누구나 고통을 싫어하고 고통으로부터 도망치고 싶어한다. 또한 오랜 세월 동안 심한 고통을 겪다 보면 자신의 삶은 희망이 없고 앞으로도 계속 고통스러울 것이라고 생각하는 경향이 있다.

이것은 인간이 갖고 있는 고유한 속성의 하나로서 인간의 미래에 대한 예측은 주로 과거의 경험에 의존하며 그중에서도 특히 최근의 경험이 가장 큰 영향을 미친다. 따라서 최근에 많은 실패나 우환을 경험한 사람의 미래 예측은 부정적일 수밖에 없고 이는 흔히 자살의 동기가 된다. 하지만 이 세상의 원리를 파악한 사람은 이러한 부정적인 정서를 극복할 수가 있다. 고통스러운 현실을 참고 기다림의 세월을 보내기 위해서는 이 세상의 순환원리를 잘 이해해야 할 뿐 아니라 동시에 현재의 고통을 잘 참을 수 있는 방법을 알아야 한다.

이 방법은 "무심(無心)"이라고 할 수 있다. 무심이라는 말은 마음을 갖지 않는다는 것을 의미하는 것이 아니다. 무심이란 집착이 없는 마음을 의미한다. 당나라 때의 육조 혜능대사는 『금강경』에 나오는 "머무르지 않고 마음을 낸다"는 구절을 듣고 깨달음을 얻었다고 한다. 여기서 머무르지 않는 마음이 바로 무심이다. 인간이란 태생이 이기적이고 탐욕적인 존재이다. 이기심과 탐욕은 사람의 마음에 집착을 만들고 바로 이 집착으로 인하여 마음은 고통받게 된다. 돈 욕심이 많은 사람은 돈에 대한 집착으로, 권력욕이 많은 사람은 권력에 대한 집착으로, 자식욕심이 많은 사람은 자식에 대한 집착으로 그리고 이성에 대한 집착이 많은 사람은 애정으로 인하여 마음에 집착이 발생하며 이로 인하여 마음은 늘 고통을 받는다. 만약에 집착한 것을 얻게 되면 마음의 고통이 사라질 것인가 하면 그렇지가 않다. 그것은 사람의 욕망은 끝이 없기 때문이다. 원하던 것을 얻으면 더 많이 갖고 싶고 또한 얻은 것을 지키기 위하여 집착할 수밖에 없다. 따라서 마음의 고통을 없앨 수 있는 유일한 방법은 마음의 집착을 없애는 것 이외에는 다른 방법이 없다. 집착을 버리기 위해서는 자신이 집착하는 그 대상이 본디 덧없는 것이라는 깨달음을 얻어야 한다.

 사람이 무심에 도달하면 이 세상의 모든 길흉화복을 경험하더라도 마음은 항상 평화와 자유를 누릴 수가 있다. 즉 좋은 일이 생겨도 도취하지 않고, 슬픈 일이 생겨도 담담하다. 이런 심적 상태에 도달한 사람은 고통 속에서 살아가더라도 그 고통의 정도는 그렇지 못한 다른 사람이 느끼는 것보다 훨씬 덜하게 되고 그로 인하여 고통 속에서의 기나긴 세월을 마치 하룻밤 독감처럼 지나칠 수 있게 된다. 그리고 인생의 순환원리에 의하여 한겨울의 추위가 지나고 따스한 봄날의 햇살을 누릴 수 있는 것이다.

III.

기다림과 인내

인생살이에서 가장 중요한 것이 기다림과 인내가 아닐까? 어쩌면 인생이란 그 자체가 기다림과 인내의 과정인지 모른다. 모든 사람은 어머니 배 속에서 10달을 기다려서 결국 이 세상에 태어났다. 어머니의 그 큰 산고를 거쳐서 태어난 이 세상이 낙원이었던가 하면 사실은 정반대이다.

이 세상에 태어난 날 이후의 삶은 고통으로 점철되어 있다. 사람의 한평생에서 몸 고생, 마음고생 없는 날이 얼마나 되겠는가? 한평생을 살면서 인생살이가 왜 이리도 괴로운가 하는 생각 안 해본 사람은 없을 것이고, 죽고 싶다는 생각 한 번도 안 해본 사람이 얼마나 있을까?

그래서 석가모니는 "*인생은 고통의 바다*"라고 했던 것이다. 하지만 고통의 바닷속에서도 대부분의 인간은 스스로 목숨을 끊지 않고 살아간다. 이는 본능적인 죽음에 대한 공포심 때문이기도 하지만 또한 내일에 대한 희망이 존재하기 때문이다. 그렇기 때문에 희망을 잃어버린 인간은 사실상 죽은 것과 다름이 없다. 그렇다면 내일에 대한 희망으로 기다리고 인내하며 살아가는 것이 진정 현명한 짓인가? 결론적으로 말하자면 그렇다고 할 수 있다. 그것은 인생에 순환적 파동이 존재하기 때문이다. 하락파동이 지나면 반드시 상승파동이 나타난다. 그래서 기다림과 인내는 반드시 필요하고 또 의미 있는 일이다. 그러나 기다리는 세월을 태만하게 보내서는 안 된다. 겨울이 가면 봄이 오는 법이지만 겨울 동안 농기구도 정비하고 씨앗도 준비해야 봄에 밭을 일구고 씨앗을 뿌릴 수 있는 것이다. 기다림의 세월 동안 자신을 갈고 닦으며 배우는 자세로 살아간다면 기다림의 세월은 도약을 위한 토대가 된다. 고대 중국의 강태공은 그 긴 기다림의 세월 동안 공부를 하였다. 그의 아내가 일 나갈 때 마당에 널어놓은 곡식을 비가 오면 거두어들이라고 부탁했건만, 너무도 공부에 몰두한 강태공은 비가 오는 것을 모르고 있었기 때문에 마당에 널어놓은 곡식이 모두 빗물에 떠내려가는 것을 방치하게 되었다. 이 구절은 지나치게 가정에 무관심한 강태공을 비판할 때 흔히 인용되는 부분이기도 하지만, 훗날 강태공의 출세 요인을 설명하기 위하여 사용되는 이야기이기도 하다. 이런 사람 때문에 세상에는 *대기만성*이라는 말이 나왔다. 그러므로 대기만성이 되기 위해서는 기다리고 인내할 수 있어야 하며 또한 긴 기다림의 세월 동안 포기하지 않고 지속적으로 노력하여야 한다. 그래서 공자는 "*그릇을 갖추고 때를 기다리라*"는 유명한 말을 남겼다. 대기만성 현상은 최근 인생의 순환적 파동을 현대적인 기법(컴퓨터를 이용한 자료 분석)으로 분석한 연구결과를 통하여 입증되었다. 미국의 한 연구소에서 인생의 순환파도를 검증하기 위하여 전 세계적으로 저명인사 수천 명의 생애를 자료로 입력하여 분석하였는데, 결과는 48세 전후에 상승파동을 시작한 사람이 가장 길고, 가장 높은 상승파동을 경험하게 된다는 것이다. 그 이유는 긴 기다림과 인내를 경험한 사람은 고통이 많았던 만큼 많은 지혜를 얻게 되고,

그것이 거름이 되어 때를 만나면 크게 피어오르기 때문이다. *"아픈 만큼 성장한다"*는 말은 진리인 것이다.

역사상에 나타난 유명한 "기다림과 인내" 사례의 하나는 등소평의 이야기 이다. 오뚝이라는 별명을 갖고 있는 등소평은 그 별명대로 기다림과 인내의 세월을 보낸 후에 정상에 오른 사람이다. 1949년에 중국대륙이 공산화되고 나서 중국공산당의 최고 지도자 모택동은 중국대륙에서 생산수단의 급격한 사회주의화를 시도하였다. 그러나 급진적인 사회주의화는 생산력을 하락시켜서 중국사회를 빈곤으로 몰고 갔다. 이러한 결과에 책임을 지고 모택동은 정치의 일선에서 물러났으며 대신에 유소기, 등소평 같은 이념보다 실용을 중시하는 사람들이 중국을 이끌게 되었다. 당시 등소평은 중국의 부수상으로 중용되어 실용적인 경제정책을 추진하였다. 그러나 모택동과 그의 추종자들이 계속해서 침묵을 지킬 사람들은 아니었다. 그들은 중국사회가 자본주의화되는 것을 그냥 보고 있을 수 없다는 명분을 내세우며 1965년에 그 유명한 "문화혁명"을 일으켰다. 문화혁명을 주도한 세력은 중국에서 자본주의 잔재를 청산한다는 명분으로 유소기와 등소평을 실각시켰고 많은 사람들을 박해하었다. 이후 등소평은 1965년에서 1972년까지 강소성의 한 시골에서 유배생활을 하면서 자신과 가족에게 다가온 온갖 박해와 가난 그리고 목숨을 위협하는 공포 속에서 묵묵히 공장노동을 하고, 텃밭을 일구면서 밤에는 공부에 열중하는 굳건한 모습을 보였다. 결국 7년의 기다림과 인내가 열매를 맺어서 그는 다시 중앙정계에 복귀하였고 모택동 사망 후에 중국의 최고 지도자가 되었으며 이후 개혁과 개방정책을 주도하여 중국의 고도성장시대를 열었다.[4]

고난의 세월 동안 모든 고통을 인내하고 때를 기다려서 끝내 새로운 삶을 맞이한 사람으로서 중국 명조시대의 왕양명을 빼놓을 수 없다. 왕양명은 대학자로서 주자학을 극복한 새로운 유교인 양명학의 창시자일 뿐만 아니라 뛰어난 시인이었고 나아가 병법을 익혀 전장에서 큰 공을 세운 이른바 문무를 겸비한 정치가였다. 하지만 그의 생애는 결코 순탄치 않았고 고통과 우여곡절이 많았다. 그는 백 번의 죽을 고비와 천 번의 난관을 겪었다고 알려져 있다. 그의 집안은 대대로 문필이 강한 사대부였다. 동진시대의 명필로 유명한 왕희지가 그의 조상이었으며 그의 아버지 왕화는 과거에 장원급제하여 고급관료의 길을 갔다. 왕양명은 명문가에 태어났지만 13세에 어머니를 여의고 계모 슬하에서 자란 만큼 행복한 어린 시절을 보냈다고 할 수는 없다. 그는 21세 때 과거의 예비시험이라고 할 수 있는 향시에 합격하였지만, 22세와 25세 때 각각 북경에서 치른 과거의 2차 시험인 회시에서 낙방한다. 소년 시절 천재 소리를 듣던 그에게는 충격적인 사건이었지만 그는 낙심하지 않고 고향의 산속에 은거하면서 시문을 논하고 병법연구에 정열을 쏟았다. 당시 그가 병법연구에 심혈을 쏟은 것은 명나라가 부정부패로 인하여 국운이 날로 기울어져 가면서 변방의 외적들이 자주 침입하였고, 나라 안에서는 도둑떼가 기승을 부렸기 때문이었다. 이후 그는 불교와 도교에 한동안 빠져서 사찰과 도교사원을 찾으며 체류하기도 하였다. 전체적으로 볼 때 그는 소년, 청년 시절에 많은 정신적 방황을 하였고, 그로 인하여 다양한 학문과 사상을 접하게 되어서 그의 정신세계는 풍부해졌다. 그는 28세 때 과

---

4) 등용, 『불멸의 지도자 등소평』, 김영사.

거의 2차와 3차 시험에 연속으로 합격하여 관직에 들어섰다. 관료로
서 그는 실사구시의 정신을 발휘하여 효율적으로 자신의 임무를 수
행하였다. 그러나 병약한 그의 육체가 관직 수행의 장애가 되었고, 결
국 그는 31세 때 관직을 그만두고 고향으로 돌아가서 요양생활을 하
게 되었다. 그는 평생 건강상의 문제를 갖고 있었는데, 특히 호흡기,
소화기가 좋지 않아서 고통을 받았다. 그러나 그에게 있어서 질병은
전 생애를 통해 그의 숨은 재능과 사상의 독자성 그리고 개성을 부각
시키고 발휘하도록 하는 주된 원동력이 되었다. 그의 건강이 회복되
면서 33세에 관직으로 돌아오고 34세 되던 해부터 제자들이 많이 몰
려들어 본격적인 가르침의 시대가 시작된다. 그러나 잠시 평온했던
그의 인생이 35세 때부터 폭풍에 휘말리고 만다. 그것은 효종의 아들
무종이 15세의 어린 나이에 황제로 즉위하면서 방탕한 생활을 하였
는데, 환관 유근과 그의 측근들이 이 틈을 타서 황제를 농락하고 멋
대로 권세를 휘둘렀다. 썩고 썩은 정치판을 더 이상 묵고할 수 없었
던 왕양명은 결국 유근 등의 간신배를 탄핵하는 상소를 황제에게 올
렸다가 거꾸로 어리석은 황제의 노여움을 사서 투옥되었고, 매질을
당하여 엉덩이가 찢어지고 허벅지의 뼈가 부러졌다.

그리고 그는 변방인 귀주성 용장이라는 곳으로 유배 가서, 이민족
이 살고 있는 말도 통하지 않는 곳에서 움막을 짓고 고생스러운 생활
을 시작하였다. 물을 긷고, 땔감을 마련하고 밥 짓고 농사하는 생활
은 처음 해보는 것이었지만 이런 생활을 통하여 그는 이전의 자신이
느끼지 못한 새로운 것들을 깨닫기 시작하였다. 용강에서 고통스러운
생활을 참으면서 그는 기다렸다. 아니 그냥 기다린 것이 아니라 공부
하면서 자신의 사상체계를 정리하고 또한 그 지역의 미개한 원주민

들에게 글과 집짓는 법 등을 가르치면서 하루하루를 의미 있게 보냈다. 그리고 마침내 그곳에서 새로운 깨달음에 도달하였다. 그것은 이른바 "심즉리", 즉 *"내 마음이 바로 이치이다"*로서 양명학의 사상적 토대가 되는 부분이다. 그때 그의 나이 37세였다. 그러는 사이 세상이 변하여 왕양명이 39세 되던 해에 간신 유근이 반대파에 의해서 탄핵되고 유근과 그 일파는 사형되었다. 이로서 왕양명의 고난시대는 일단 막을 내리고 그는 다시 관직에 복귀하였다. 이후 왕양명은 20년을 더 살았는데 그 기간 동안 양명학을 크게 발전시켰을 뿐만 아니라, 세 번이나 반란진압을 명받고 모두 진압에 성공하였다. 명나라의 역사에서 문관으로서 군대를 지휘하여 승리를 거둔 사람은 왕양명 한 명뿐이다. 그는 평생 병마와 싸우고 간신의 탄압을 받는 등 많은 고통을 겪었지만 인내와 기다림의 세월 끝에 역사에 큰 자취를 남겼다.[5]

기다림과 인내를 이야기하게 되면 빼놓을 수 없는 사람이 있는데, 그는 한나라 무제 시대에 승상을 지낸 공손홍이다. 고대 중국에서 승상이라는 직위는 문관의 최고위직으로 지금으로 말하자면 국무총리 정도에 해당한다고 할 수 있다. 그런데 이만 한 자리에 오른 사람으로서 그의 경력은 매우 놀랄 만한 것이었다. 그는 젊은 시절에 감옥에서 간수를 하였다. 그러다 직책상의 어떤 과오를 저질러 그 자리에서 해고된 후에 돼지를 키워서 생계를 꾸렸다. 그는 어려운 생활, 앞이 보이지 않는 삶을 살았지만 희망을 잃지 않고 꾸준히 노력하였다. 놀랍게도 그는 나이 사십이 넘어서 학문을 시작하였다. 고대인의 나이 40살은 현대의 나이로 환산하면 60살이 넘은 나이가 된다. 그는

---

5) 최재목, 『왕양명의 삶과 사상, 내 마음이 등불이다』, 이학사.

늦은 나이에 스승도 없이 제자백가의 사상을 섭렵하고 예리한 지성과 현실적 감각을 갖춘 사람으로 차츰 변모하였다. 그리하여 그는 인근에서 명망을 얻게 되었고 결국 지방관들이 황제에게 인재를 추천하는 당시의 제도에 의해서 관직을 얻게 되었다. 이때 그의 나이 60세였다. 이후 공손홍은 한 무제의 신임을 얻어 고속 승진을 하였고, 마침내 승상의 지위에 올랐다. 길고 긴 고난의 세월을 기다리고 인내하며 내일을 준비한 그는 스스로 그릇을 갖추었고 끝내는 때를 만나서 아주 늦은 나이에 인생의 영화를 누렸다.[6]

북송시대의 시인이요 정치가였고, 당송시대의 가장 뛰어난 문장가 8명을 가리키는 당송팔대가 중의 한 명인 소동파의 삶 역시 기다림과 인내로 유명하지만, 그의 경우 세속의 욕망과 집착을 버리고 초연한 삶을 살았다. 그로 인하여 그는 세속에서의 고통을 극복할 수 있었고 굴곡 많은 인생길에서 마음의 평화를 유지할 수 있었다. 좌천과 유배로 얼룩진 파란만장한 삶을 살면서도 원망도 회한도 없는 초연한 모습으로 훗날의 많은 이들에게 사랑과 존경을 받고 있다. AD 1036년에 사천의 부유하지 않은 사대부의 집안에서 태어난 소동파는 뛰어난 문장으로 어릴 때부터 명망을 얻었고 유학을 공부하고 과거에 급제하여 관직에 나갔다. 그러나 일찍이 인생의 무상함을 깨닫고 불교에 깊이 빠졌다. 또한 관직생활 중에 겪은 역경과 좌절을 불교의 가르침을 통하여 극복하였다. 특히 신종 2년(AD 1079)에 있었던 "오대시안사건"은 소동파의 인생관에 가장 큰 영향을 준 대사건이었다. 당시 조정에 있던 소동파의 정적들이 소동파의 시와 문장에 조정을 비

---

6) 모리야 히로시, 『남자의 후반생』, 푸른숲.

난하는 곳이 많아서 처벌해야 한다고 황제에게 상소를 올렸다. 왕안석의 신법을 둘러싼 논쟁이 극심하였던 그 시절에 소동파는 신법에 반대하는 입장에 서 있었고, 조정을 장악한 신법 주도세력은 소동파나 사마광 같은 반대파들을 모함하였다. 지방관으로 재직하고 있던 소동파는 체포되어 수도로 압송되었고 감옥에 갇혔다. 그는 감옥에서 엄한 자백을 강요받았지만 죄상을 전혀 인정하지 않았다. 하지만 소동파는 스스로 자신의 인생은 여기서 끝난 것이라고 생각하였고 삶과 죽음의 문제를 깊이 생각하였다. 그러나 그는 죽음을 면했고 대신 먼 변방으로 유배를 가게 되었다. 이 일로 인해 그는 인생무상을 크게 깨달았고 이후에 불교에 심취하여 모든 집착을 버리고 초연한 삶을 살았다.

여기서 소동파의 시 「녹는 눈 위에 남긴 기러기 발자국」을 감상해 보자:

인간의 한평생이 무엇과 같은지 아는가?
녹는 눈 위를 밟고 있는 기러기 발자국 같네.
눈 위에 우연히 몇 개의 발자국 남기고서
기러기 날아가면 동인지 서인지 어찌 헤아리겠나.
늙은 스님은 이미 돌아가셔서 새로운 탑이 섰고
낡은 벽에는 예전에 지은 시가 보이지 않네.
지난날의 험난함을 아직도 기억하고 있는가?
길은 멀고 사람은 지치고
절뚝거리는 당나귀는 울었음을.

황주에서 6년간의 유배생활을 마친 후에 소동파는 다시 관직에 복귀하지만 그의 관직생활은 평탄하지 않아서 몇 번의 유배생활을 다시 겪었다. 그의 마지막 유배지는 영남의 해주였고 당시 그의 나이는 60세에 가까웠다.

그러나 중원에서 만 리나 떨어진 변방의 미개한 지역에서도 그는 절망하지 않고 여전히 초연하고 평화로운 마음으로 한적하고 유유자적한 생활을 즐겼다. 이때에 그가 쓴 시들로 인하여 조정에 있는 그의 정적들은 분노하였으며 결국 그의 유배지를 더 멀리 있는 섬 해남으로 바꾸었다. 이미 그는 60세를 넘은 노인이었기에 살아서 고향에 돌아갈 희망이 없다고 생각하였다. 이와 더불어 그는 해남이 자신의 고향처럼 아늑하다고 생각하면서 남방생활의 온갖 고통을 참고 견디었다. 해남에서 3년간의 유배생활 뒤에 황제가 바뀌면서 소동파는 특별사면을 받아서 중원으로 돌아왔다. 그러나 북방으로 돌아오다가 병이 들어서 침상에 누웠고 64세에 평온하게 세상을 하직하였다.[7]

예술가들에게 기다림과 인내 그리고 결실의 의미는 무엇일까? 예술가들에게도 기다림과 인내의 열매가 세속에서의 부귀영화일 것인가? 물론 무명의 예술가가 오랜 기다림과 인내의 종점에서 사회적으로 인정받아 부귀영화를 누리는 예술가가 되는 경우도 있기는 하다. 하지만 대부분의 경우에 있어서 예술가들은 기다림과 인내의 보상을 생존 시에 받지 않고 사후인정의 형태로 받게 된다. 그런 경우 길고 긴 고난의 세월은 그들이 훌륭한 작품을 창조하도록 자극하는 토양을 제공한 것이 된다. 위대한 예술작품은 대부분 고통 속에서 피어나

---

7) 스야후이, 『소동파, 선을 말하다』, 김영사

기 때문이다. 역사상 이런 사례는 셀 수 없이 많지만 중국의 위대한 시인 두보만큼 흥미로운 삶도 흔치는 않다.

두보는 당나라시대인 AD 712년에 황하 중하류에 있는 하남 공현에서 태어났다. 그의 조부와 부친이 모두 관직에 나아갔고, 특히 그의 조부는 관직이 높았을 뿐만 아니라 시단에 이름을 날린 사람이었다. 어쨌든 두보는 사대부의 집안에서 조부의 시재를 물려받아 태어났고 그로 인하여 평생 귀족의식을 갖고 살았다. 그러나 생애의 대부분을 가난뱅이 떠돌이로 살아온 그는 내재된 귀족의식으로 인하여 자신의 삶을 더욱 처절하고 한스럽게 느꼈다. 사대부 집안에 태어난 배경으로 인하여 그는 어릴 때부터 글을 읽었으며 과거에 급제하여 관직에 나아가기를 소망하였다. 또한 시문에 대한 관심과 열정 그리고 재능이 일찍이 나타나서 훗날 대시인의 출현을 예고하였다. 그러나 자신과 가족들의 큰 기대에도 불구하고 그의 나이 24세 때 치른 과거에서 낙방하였다. 매우 큰 좌절감을 느낀 그는 답답한 마음도 해소하고 또한 많은 사람과 사귀어 인간관계를 넓힐 생각으로 많은 곳을 여행하였는데, 이때의 여행은 훗날 그의 생애를 대부분 방랑 속에서 보내게 되는 운명의 서막이었다고 할 수 있다.

두 차례에 걸친 긴 여행을 마치고 30세가 넘은 나이에 고향에 돌아온 두보는 한 여자를 만나서 결혼하고 가정을 꾸몄다. *"이 세상에는 시인의 아내가 될 운명을 타고난 여자가 있다"*는 말이 있는데 이는 아마도 두보의 아내 때문에 나온 것 같다. 미모는 아니었지만 순수하고 아량 있는 마음을 지닌 사람이었다. 시인의 자유분방한 행동을 불평불만 없이 참아내며 아무런 감정도 드러내지 않는 그녀는 언제나 변함없는 남편의 쉼터였고 안식처였다. 결혼 이후 삼십 대 중반이 되도록 직업이 없는 가장이었던 두보는 당연히 관직을 갈망하였다. 그로 인하여 다시 한 번 치른 과거에서 또다시 낙방하였다. 결국 그는 과거를 통한 관직진출은 사실상 포기하였고, 대신에 권세가들의 천거를 통한 방식이 낫다고 생각하였다. 이런 생각과 함께 지난날 약간의 인연이 스친 적이 있는 사람들에게 관직을 청탁하여 보았지만 세상은 그리 녹록하지 않았다. 관직을 얻기 위해 상경하여 수도 장안에서 온갖 고생을 하며 지내던 그는 나이 40세가 넘어서야 간신히 미관말직 하나를 얻게 되었다. 그러나 *고난 속에서 위대한 시를 써야 하는 것이 시인의 운명이었던가?* 간신히 안정된 삶을 살게 되었을 때 나라에 변란이 발생하여 그의 삶은 다시 내동댕이쳐졌다. 그것은 이른바 "안녹산의 난"이라고 불리는 사건으로서 변방의 절도사 안녹산이 당 현종의 실정을 빌미로 거병하여 왕조를 바꾸려고 한 반란이었다. 무능한 현종은 반란에 대처할 수 없어서 수도를 버리고 먼 사천지역으로 도피하였고, 반란군은 수도 장안을 점령하였다. 두보는 난리를 피하여 가족을 데리고 이곳저곳 떠돌면서 피난생활을 하였다. 이 와중에 현종의 아들인 태자 이형이 안녹산 반군에 저항하다가 스스로 황제에 취임히어 숙종이 되었다. 이 사건은 두보의 생애에서 최고의 출세기회를 제공하였다. 두보는 가족과 헤어져서 목숨을 걸고 숙종에게 가서 전란 중의 임시적인 성격이긴 했지만 그의 생애에서 가장 높은 관직에 오른다. 그러나 목숨을 건 우여곡절 속에 간신히 손에 넣은 관직을 정치적 감각이 부족한 시인의 순수성으로 인하여 곧 잃어버리고, 안녹산의 반란이 평정된 이후 그는 다시 백수가 되어 떠도는 삶으로 돌아간다. 두보의 인생에서 관직이란 끝없는 갈망의 대상이면서 막상 손에 넣으면 지킬 수가 없는 물건과 같은 것이었다. 그것은 위대한 시인들이 지니고 있는 특유의 순수성과 진실성 그리고 자유에 대한 동경 등이 어우러진 결과라고 할 수 있다. 그의 남은 인생 동안 노인 두보는 가족을 데리고 천하를 떠돈다. 추위와 가난의 고통 속에서 굶기를 밥 먹듯이 하면서, 때로는 지인들의 도움으로 얼마간의 정착과 안정이 있기도 했지만 그것은 위대한 시인의 삶이 아니었다. 생애의 마지막 시기에 그는 작은 배에 가족을 싣고 양자강을 따라 흘러가면서 걸식을 하며 살았다. 그 사이 자연과 인생을 이야기하는 셀 수 없이 많은 주옥같은 명시를 남기면서. 그리고 어느 날 주림과 병마로 지친 육신을 배 위에 누이고 이 세상을 떠났다.

이제 그의 대표적인 시 한 편을 감상해보자:

바람 빠르고 하늘 높은데 원숭이 울음소리 슬프고
물가 맑으며 모래 흰데 새는 날아서 돌아내린다.
가없이 지는 낙엽은 쓸쓸하게 떨어져 내리고
다함없는 장강은 도도하게 흘러온다.
만 리의 슬픈 가을에 항상 떠도는 객이 되어
인생 백 년 동안 병 많은 몸으로 홀로 누대를 오른다.
가난과 한 맺힌 고생으로 서리가 된 귀밑머리 성성하고
늙은 몸으로 새로이 탁주잔을 멈추노라.[8]

또 다른 시인의 삶은 두보와 다른 형태로 나타났다. 두보처럼 일평생 관직에 대한 갈망을 버리지 못하면서도 자유를 동경하는 모순된

---

8) 김두근, 『시인생평』, 명문당.

모습이 아니라, 생애의 어떤 시절에 세속에서의 입신출세 욕망이 허망하고 부질없는 것임을 깨닫고 전원으로 돌아와 자연의 아름다움과 가난하지만 자유로운 생활을 예찬하며 여생을 보낸 사람이 있다. 그는 동진시대 중국의 위대한 시인 도연명이다. 그는 중국역사에서 가장 혼란한 시대에 살았지만 시대적 상황에 매몰되어 자포자기적이거나 또는 기회주의적인 모습을 보이지 않고 참된 삶을 추구하였다. 그는 직접 농사를 지어 생계를 꾸렸으며 달관적인 모습으로 삶을 보냈다. 도연명은 동진 후기에 해당하는 AD 365년에 심양에서 태어났다. 그의 집안은 상고시대부터 시작하여 한과 서진왕조에서 많은 인물을 배출한 것으로 알려져 있지만 도연명의 시대에는 몰락한 가문이었다. 따라서 그는 어려서부터 빈곤하게 자랐고, 가난은 운명처럼 평생 그의 곁을 떠나지 않았다. 청년 시절 그는 가난한 집안을 일으키기 위하여 유학을 공부하며 입신출세를 소망하였다. 그리고 그의 나이 29세 때에 하급관리로 관직에 나갔다. 그러나 구속을 싫어하고 곧은 자신의 성품이 관직에 맞지 않는다는 것을 깨닫고 스스로 관직에서 물러났다. 이후 몇 년간 농사를 짓다가 생활의 어려움으로 인하여 몇 번에 걸쳐서 다시 관직에 나간 적이 있기는 하지만, 그의 나이 41세에 관직을 사직하고 다시는 벼슬에 마음을 두지 않기로 결심하고 귀향하여 생애의 남은 기간 동안 농사를 짓고 살았다. 그는 인생의 전반기에는 유학의 영향을 많이 받았지만, 인생의 후반기(관직생활 청산 이후)에는 도교의 무위자연 사상에 심취하였다. 그는 삶과 죽음은 자연의 운행에 따른 한 과정으로 보고 삶에 연연해하거나 죽음을 두려워하지 않았다. 또한 곤궁한 생활에도 절개를 지키면서 곧은 마음을 유지하였고, 더 나아가서 곤궁에도 만족할 줄 아는 자족의 태도를 보

였다. 이 역시 노자의 가르침인 만족의 미덕으로부터 온 것이다. 그의 시 한 편을 감상해보자:

젊은 나이에 세상사의 밖에 뜻을 두고
마음을 맡긴 것이 거문고와 책에 있었다.
갈옷 걸치고도 기꺼이 자득하였고
자주 끼니 걸러도 항상 편안하였다.

노자와 장자는 모두 현실정치와 벼슬에 연루되지 않은 자유로운 삶을 추구하였는데, 도연명의 시에 나타나는 그의 모습 역시 현실정치와 멀리 있다. 난세에 정치판을 벗어나지 못하면 제명에 죽지 못하는 일이 비일비재하다. 도연명은 정치판을 떠남으로써 목숨을 보존하였다.

전원으로 돌아온 그의 삶은 자유와 해방을 의미하였고 이는 진정 그의 본성에 맞는 것이었다. 그는 빈곤했지만 자유로운 삶은 위대한 시인을 양육하는 비옥한 토양이 되었다. 전원생활의 기쁨과 자부심은 그의 시상을 자극하여 많은 위대한 작품들이 탄생되었다.

인생은 짧은데 생각은 항상 많아,
이 세상 사람들 오래 사는 것 좋아한다.
세월이 시절을 따라 이르니,
온 세속이 그 이름을 좋아한다.
이슬은 차갑고 따뜻한 바람 그치니,
공기는 맑고 하늘은 밝다.
떠난 제비는 남은 그림자도 없고

돌아온 기러기는 소리가 사라지지 않는다.
술은 온갖 근심을 덜어줄 수 있고
국화는 노쇠하는 나이 막아준다네.
어찌하여 쑥 띠풀 집에 사는 선비가,
그저 계절이 기우는 것만 보고 있는가.
먼지 앉은 잔은 빈 술단지를 부끄럽게 하는데,
찬 계절의 국화는 부질없이 홀로 피어난다.
옷깃 여미고 혼자 한가로이 노래 부르니,
아득히 깊은 정 일어난다.
한가로운 생활에 진실로 즐거움이 많으니,
묻혀 산다고 어찌 이름이 없겠는가.

그의 나이 44세 되던 해에 화재로 인해 집이 전소되었고, 빈번한 자연재해로 인하여 농사를 짓던 도연명의 빈곤은 노년이 되어 정도를 더했지만, 그는 지조를 지켰고 하늘을 원망하지 않았다. 곤궁한 삶의 여정에서 그의 사상과 인격이 점차 완성되었고 이와 더불어 그의 작품노 싶이를 더해갔다. 노언녕은 시를 짓기 위해 고민하기보다는 자신의 수양과 인생경험을 바탕으로 담담히 회포를 서술하였다. 따라서 그의 시는 무엇보다도 자연스러웠고 소박하였으며 또한 진실하였다. 도연명이 죽은 후 그의 문학과 인격은 많은 문인과 선비들에게 흠모되었다.[9]

고통과 인내의 세월을 살았던 예술가가 얻었던 최고의 보상은 대

---

9) 김창환, 『도연명의 사상과 문학』, 을유문화사.

부분의 경우 사후에 세상의 많은 사람들에게 기억되고 인정받는 것이었다. 그렇다면 앞서 소개한 소동파, 두보 및 도연명은 그들의 인생을 특징짓는 고통과 인내의 열매를 사후에 충분히 맛보았다고 할 수 있다. 물론 사후의 명성이 생시의 술 한 잔만 못하다고 할지라도.

IV.

순환의 삶

대부분의 평범한 사람의 삶도 평생 상승과 하강이라는 순환의 파고를 보이지만, 이 세상에는 보통사람들과는 달리 매우 큰 파고를 보이는 생애를 보내는 사람들도 있다. 이런 사람들은 물론 수적으로 소수에 불과하지만 역사에 큰 족적을 남긴다. 따라서 이러한 삶을 경험한 사람들을 역사를 통해서 쉽게 만날 수 있다. 이들은 가자 다른 시대와 공간에서 살다가 갔지만 그들 모두는 *사람의 삶이라는 것이 얼마나 극적으로 달라질 수 있는가*를 보여주었다.

1. 강태공

이들 중에서 시대적으로 가장 앞선 강태공의 이야기부터 해보려 한다.

강태공의 이야기를 하려 하면 많은 어려움에 봉착하게 되는데, 그것은 대부분 그가 살았던 시대가 너무 오래전인 것에 기인한다. 기록이라는 것이 너무도 부족하여 문자보다 구전에 더욱 의존하다 보니, 그의 출생연도와 사망연도 등이 모두 명확하지 않고 또한 그의 출신과 성장과정, 인생역경 및 입신출세 등에 관하여 사실적 근거보다도 신화적 요소가 더욱 활개를 치고 있다. 그러나 그의 저작인 『육도삼략』이 존재한 것으로 보아 그가 실제로 존재했던 인물이라는 것은 확실하다. 또한 상기의 저술에서 그가 주나라 문왕과 무왕의 책사로 기록되어 있어서 그가 정치인이었으며 주나라의 천하통일에 큰 기여를 하여 입신출세한 것을 미루어 알 수 있다.

그에 대해서 알 수 있는 가장 중요한 문헌으로는 사마천이 쓴 역사서 『사기(史記)』의 "제태공세가"가 있다. 이에 의하면 그는 대략 기원전 1200년경 은나라 말기에 지금의 산동성에서 태어난 것으로 알려져 있다.

그는 어려서 집을 나와 떠돌이 생활을 한 것으로 전해지고 있다. 여러 가지 장사를 하면서 갖은 고생을 하며 살다가 나이가 들어서는 지금의 섬서성에 있는 황하로 흘러들어 가는 지류인 위수 근처에 정착하였다. 물론 그 사이 결혼을 하였지만 그의 가정에 대한 무관심과 가난으로 인하여 그의 아내가 도망갔고 그는 홀로 남아서 빈곤과 외로움의 고통 속에서 낚시로 세월을 보내며 살았던 것 같다. 오늘날 그의 이름은 낚시꾼을 의미하는 일반명사가 되었다. 그러나 그가 직업적인 낚시꾼이었다는 기록은 어디에도 없다. 아마도 그는 세상에 나가기 전까지 불운한 자신의 운명을 달래기 위하여 낚시로 세월을 보낸 것 같다. 여기서 중요한 것은 그에게 있어서 낚시의 의미이다. 어떤 사람은 그가 낚시를 통하여 세월을 낚았다고 한다. 대체 세월을 낚는다는 것이 무슨 뜻인가? 매일매일의 무료함을 잊기 위해 낚시를 했다는 뜻일까? 아니면 기다림의 괴로움을 잊기 위해 낚시를 했다는 것일까? 어떤 사람은 그가 낚시를 통하여 천하의 이치를 깨달았고 이를 토대로 주문왕 서백에게 실력을 인정받아 훗날 크게 출세했다고 말한다. 그리고 그가 낚시를 통해 얻은 지략이란 미끼를 사용하여 사람을 꾀는 잔기술이라고 알려져 있다. 물론 훗날 주나라가 은나라를 멸망시키는 과정에서 강태공이 큰 공을 세워 지위와 명성을 크게 얻은 것을 보면 낚시를 통해 얻은 지략이 있었음을 부인할 수 없다. 하지만 그토록 오랜 세월에 거친 그의 낚시질이 오로지 그런 종류의 지략을 얻기 위한 행위였다고 보기에는 무엇인가 부족한 점이 있는 것도 사실이다. 왜냐하면 그런 종류의 지략이란 낚시질을 하지 않고도 충분히 깨우칠 수 있는 것이기 때문이다. 그렇다면 강태공의 낚시질이 그토록 오랜 기간에 거쳐서 계속되었던 가장 중요한 이유는 무엇이었을까? 혹시 그것이 무심에 도달하기 위한 과정은 아니었을까?

사람들은 대부분 물고기를 잡는 재미보다는 자연과 어울리는 한적함 때문에 낚시를 좋아한다. 물론 물고기를 당기는 쾌감, 이른바 "손맛" 때문에 낚시를 하는 사람들도 있지만 대부분의 현대인은 바쁘고 스트레스가 심한 직장생활의 고단함을 잊고 자연과 하나 되어 자신을 잊어버리고 싶은 마음에서 낚시를 한다. 만약에 물고기에 대한 욕심으로 낚시를 한다면 차라리 낚싯대를 던져버리고 직업적인 어부처럼 그물을 사용하면 훨씬 많은 물고기를 잡을 수 있을 터인데, 굳이 낚싯대 한두 개 걸어놓고 하루 몇 마리를 잡기 위해서 낚시를 하지는 않을 것이다. 또한 "손맛" 때문에 낚시를 한다면 어항에다 물고기를 잔뜩 넣어두고 낚시하면 "손맛"을 실컷 느낄 수 있을 것이다. 결국 낚시란 이 세상에서의 욕심을 버리고 집착을 내려놓고 자연의 일부가 되어 한적함을 즐기려고 하는 것으로 볼 수 있다.

낚시란 자신을 잊는 "무아(無我)"로 가는 길이다. 또한 무아는 이 세상 모든 것에 대하여 마음의 집착을 버리는 "무심(無心)"으로 가기 위한 지름길이다. 이는 사람의 집착과 욕망이 기본적으로 자기에 대한 집착에서 유래하기 때문이다. 따라서 자신을 잊는 무아는 마음의 집착을 버리는 최선의 방법이다. 사람이 자연과 하나가 되는 물아일치의 상태에 들어가면 자신을 잊게 되고 이와 함께 모든 집착과 욕망이 사라지면서 마음의 평화와 자유를 얻게 된다. 강태공의 낚시는 자연과 하나가 되는 물아일치의 세계였다. 따라서 가난에 시달리고 아내로부터 버림받아 상처투성이가 되었고 나이는 이미 노년으로 들어선 강태공이 마음의 위안과 평화를 얻을 수 있는 곳은 낚시터밖에는 없었을 것이다. 이를 통해 그는 무심에 도달했고 그래서 그 긴 불우했던 세월은 그에게는 그저 한 편의 꿈에 불과했으리라. 그렇게 그는 자신의 생명을 유지하였고 운명은 끝내 그의 손을 들어주었다. 주문왕 서백과의 운명적인 만남은 더 이상 희망이 없어 보였던 노인 강태공의 삶에 새로운 전기를 제공하여 이후 그의 삶은 부귀영화의 세월이 죽을 때까지 이어진다.

강태공이 주문왕 서백을 만나 그의 인생에 전환이 이루어졌을 때 그의 나이가 대략 70세 정도였다고 알려져 있다. 나이 70세는 현대인에게도 노인에 해당하는데 하물며 평균수명이 현대인의 절반밖에 되지 않았던 고대인으로서는 살아 있는 것이 신기한 연령이었을 것이다. 그의 인생에서 최초의 상승파동이 그 나이에 시작되었으니, 그가 "대기만성의 원조"라는 평을 들어도 아쉬울 판이다. 그는 주나라의 제후국인 제나라의 초대임금이 되었고 오랫동안 선정을 펼쳤다. 그에게 기다림의 세월이 길었던 만큼 상승의 세월도 길게 이어졌다.[10]

2. 장량

　중국사에 나오는 사람들 중에서 제갈공명과 함께 최고의 지략가로 알려진 장량은 장자방이라는 이름으로 널리 알려졌다. 그는 초한전쟁 시에 유방의 최고 참모로서 유방이 항우를 이기고 중국을 통일하여 황제가 되는 과정에서 결정적인 역할을 한 사람이다.

　장량은 기원전 250년경 한나라에서 귀족으로 태어났다. 당시는 전국시대 말이었고 그의 나이 23세 되던 해에 한나라는 진나라에 멸망당하였다. 한나라가 진나라에 멸망당하고 9년 후에 진나라의 왕 영정은 중국을 통일하고 진시황이 되었으며 진나라는 진제국이 되었다.

　나라를 잃은 후에 장량은 한나라를 재건하기 위해 남은 인생을 바치기로 하고 천하를 유람하였다. 몇 년 후에 그는 박랑사에서 진시황의 암살을 시도하였지만 실패하였고, 진제국 군대의 추격을 피하기 위하여 강소성에 있는 하비라고 하는 시골에 몸을 숨기고 이름도 조상이 물려준 "희"라는 성을 버리고 "장"이라는 성을 택하여 이후 장량이라고 불리게 되었다.

　히비에서 10년간 숨어 사는 동안 세상에 변화가 일어났다. 진시황이 죽고 간신 환관 조고가 어리석은 어린 황제를 주무르면서 정사를 농락하였다.

　이와 함께 전국에서 그동안 진시황의 전횡에 불만을 품었던 사람들이 진제국에 대항해서 봉기를 일으켰다. 그중에서 가장 먼저 이름을 떨친 자는 진승과 오광으로서, 진승은 "왕후장상의 씨가 따로 있

---

10) 김판수, 『강태공 기다림 끝 천하를 얻다』, 이카루스미디어.

더냐?"는 유명한 격언을 남긴 사람이다. 그러나 그때까지 진제국은 그렇게 호락호락한 존재가 아니어서 농민들의 비조직적 반란에 쉽게 무너지지 않았다. 결국 진제국의 군대에게 패전하여 진승과 오광의 난은 실패했다. 그러나 이후에도 진제국에 대한 반란은 끊이지 않고 계속 일어났다. 많은 반란세력의 우두머리 중에서 주도면밀함으로 인하여 크게 명성을 얻은 자는 초나라의 귀족 출신 항량과 그의 조카 항우였다. 항량은 제법 큰 지역에서 행정과 군사권을 장악한 데다, 민심을 크게 얻어 사기가 충천한 조직적인 반란세력의 우두머리였다. 그는 진시황에게 망한 자신의 조국 초나라를 부활시키고 더 나아가 원수인 진제국을 무너뜨리려고 하였다. 그러나 최대 규모의 반란세력으로서 세상의 주목을 받던 항량의 반란군은 진제국의 대군과의 한 번의 전투에서 패배하고는 그 와중에 우두머리인 항량이 진제국 군대의 손에 죽임을 당하였다. 그러나 항량의 반란군은 괴멸당하지 않고 살아남아서 이후 항량의 조카인 항우가 이끌게 되었다. 항우는 그 힘과 용맹함으로 중국역사에서 길이 기억되는 사람이다. 항우의 활약으로 초나라 출신 반란군은 다시 부활하여 당시 중국대륙에서 최대의 군사세력으로 성장하게 된다.

장량은 진승과 오광의 난을 보면서 주도면밀하게 계획되어 실행되지 않은 반란이 진제국을 이길 수 없음을 파악하고 반란군에 가담하지 않았다.

또한 장량은 초나라 출신인 항량에게도 호감을 갖지 못하여 그에게 가지도 않고 떠돌아다니다가 유방과 운명적인 첫 대면을 하게 된다. 유방을 처음 만났을 때 장량의 나이는 45세로 고대인으로서는 이미 노년기에 접어든 나이였다. 장량은 공부를 많이 한 이른바 지식인이었지만, 노장 사상의 무위자연을 추구하는 사람으로서 집착과 욕심이 없었다. 그가 원했던 것은 오직 무너진 조국 한나라를 재건하는 것이었지만 훗날에는 이것 역시 부질없는 집착이었음을 깨닫는다. 그의 이런 성품은 젊은 날의 대부분을 떠돌아다니거나 숨어 산 고난의 삶을 그리 고통스럽지 않게 느끼도록 해주었다.

진제국은 진시황의 아들인 어리석은 2대 황제 호해와 그를 손아귀에 놓고 주물렀던 간신 환관 조고에 의해서 급속히 쇠락하기 시작하였다. 그리고 결국 항우와 유방이 지휘하는 반란군에 의해서 멸망당하였다. 항우와 유방은 원래 항량이 지휘하던 반란군에 함께 소속되어 있었지만, 그들 사이에 분열과 대립이 발생하여 진제국 멸망 이후에는 천하의 패권을 놓고 승부를 겨루게 됨으로써 길고 긴 초한전쟁의 막이 오른다. 초한전쟁에서 약자인 유방이 강자인 항우를 이길 수 있었던 것은 무엇보다도 장량의 뛰어난 전술, 전략 덕분이었다. 유방의 작전참모로서 초한전쟁에서 그가 선택한 기본적인 전략은 약자인 유방의 군대가 강자인 항우의 군대와 맞서서 무모하고 규모가 큰 전투는 가급적 회피하여 패전으로 인한 희생을 최소화시키고 동시에 항우군의 전력을 조금씩 약화시키면서 전력의 우열이 뒤집어지기를 기다리는 것이다. 물론 그 과정에서 백성들의 민심을 얻어서 그들의 자발적인 도움을 받을 수 있도록 하였다. 노장의 사상을 익힌 장량에게는 순환이라는 세상의 원리에 대한 굳은 믿음이 있었기에 기다림의 끝이 승리라는 확신이 있었다. 결국 그의 생각대로 시간이 흐름에 따라 점차 전세가 유방에게 유리하고 항우에게 불리한 방향으로 흘러가게 되었으니 이것은 이 세상 순환의 이치를 깨달은 그의 지혜에서 나온 것이라 할 수 있다.

장량의 지혜 덕분에 유방은 전혀 기대하지 않았던 성공을 거두었고 끝내 천하통일을 이루어 한나라의 초대 황제가 되었다. 그러나 장량은 유방의 천하통일 이후에도 그의 공에 상응하는 큰 보상을 원하지 않고 작은 제후의 지위에 만족했다. 또한 현세에 대한 관심을 끊고 은거하여 스스로의 정치적 입지를 버렸다. 그리하여 욕심 많은 유방의 공신들이 역모로 몰려 죽임을 당할 때도 장량은 아무 일 없이 생명과 명예를 지킬 수가 있었다. 결국 그는 천수를 누리고 평화롭게 죽었다.[11]

3. 테오도라

서양사에 등장하는 인물 중에서 극적인 인생의 순환파도를 체험한 대표적인 사람은 비잔틴제국(동로마제국) 유스티니아누스황제의 부인인 테오도라 황후일 것이다. 참으로 소설보다 극적이고 동화 같은 그녀의 인생 이야기는 기번(Edward Gibbon)이 쓴 『로마제국 쇠망사』에 상세히 기록되어 서양사회에서 널리 알려졌다. 우선 그녀의 출생환경부터가 극적이다. 그녀의 아버지 아카키우스는 키프로스 섬 출신이었는데 직업은 맹수조련사였고 비잔틴제국의 수도 콘스탄티노플에서 처자식과 함께 살았다. 그는 젊은 나이에 죽었는데 그가 사망할 때 그에게는 코미트, 테오도라, 아나스타시아라는 아직 어린 세 딸이 남겨져 있었다. 그의 사후에 그의 딸들은 가난한 환경에서 성장했지만 불행 중 다행으로 그녀들 모두 아름다움을 타고났다. 그녀들은 먹

---

11) 하지 에이사이, 『장량』, 한스미디어.

고살기 위하여 타고난 아름다움을 최대로 활용하였는데 그것은 당연히 비잔티움의 공적·사적인 유흥의 자리에 불려 다니는 것이었다. 그중에서도 가장 아름답고 게다가 관능적인 육체를 소유한 둘째 딸 테오도라(훗날의 황후)는 처음에는 언니의 보조역을 하다가 어느덧 독자적인 예능으로서 무언극을 펼치게 되었는데, 그녀를 보는 남자마다 욕정을 참을 수가 없었다. 그녀의 아름다움에 관하여 기번은 다음과 같이 서술하였다:

우아하고 단정한 얼굴, 조금 창백한 느낌은 있지만 자연스러운 생기를 머금은 하얀 피부, 모든 감정을 교묘하게 발산하는 생동감 넘치는 눈빛, 손바닥 위에서도 춤을 출 수 있을 것만 같은 가벼운 몸놀림, 애인이나 추종자라면 그림으로도 도저히 표현할 수 없을 거라고 절찬했음에 틀림없는, 참으로 비견할 데 없이 아름다운 매력이 넘치는 여체의 소유자였다.[12]

돈이 필요한 미녀와 욕정을 참을 수 없는 남자들 사이에 발생한 거래는 뻔한 것이었다. 결국 로마시민이고 외국인이고 할 것 없이 셀 수 없이 많은 남자들이 그녀의 천박한 매력을 만끽하며 즐겼다. 그래서 추문과 유혹을 두려워하는 사람들은 그녀가 거리에 나타나면 즉각 고개를 돌려 피했다고 한다.

그 뒤 그녀는 방만한 생활에 싫증을 느끼고 마치 요조숙녀라도 된 듯 일부종사의 길로 나아갔다. 그것은 다름 아니라 아프리카의 펜타

---

12) 에드워드 기번, 『로마제국쇠망사』, 동서문화사.

폴리스라는 도시를 다스리게 된 에케보르스라는 남자를 따라서 그의 근무지까지 간 것이다. 그러나 원래가 일부종사 팔자가 아니었는지 그 남자에게 버림을 받게 된다. 그리하여 고향 콘스탄티노플로 돌아가기로 하고 거지꼴로 알렉산드리아에서 콘스탄티노플까지 긴 여행길에 오른다. 배운 도둑질이라고 여행경비를 마련하기 위해 그녀는 가는 곳마다 남자들에게 인기를 끌면서 그 노리개가 되었다. 이렇게 최악의 생활을 하던 그녀에게 어느 날 밤 선몽이 있었는데, 그녀가 점쟁이에게 가서 해몽을 부탁했더니 어이없게도 그 꿈은 황제의 부인이 될 거라는 계시였다. 행운이 눈앞에 다가온 것을 느낀 그녀는 당장 콘스탄티노플로 돌아왔다. 이후 그녀는 뛰어난 연기력을 발휘하여 조신하게 행동하면서 양털을 잘라 생계를 유지하고 정절과 고독 속의 생활을 보낸다. 그러한 생활을 얼마 동안 했을 때 드디어 그녀의 미모는 당시 세도가였던 귀족 유스티니아누스의 눈에 들어 그의 마음을 사로잡았다.

당시 황제 유스티누스의 조카였던 그는 그 무렵 자기 수련과 종교상의 이유로 철저하게 금욕적인 생활을 하던 중 그녀에게 마음을 빼앗겼다. 남성에게 있어서 금욕적인 생활이란 것은 욕정을 자극하는 절세의 미인 앞에서는 마치 해일이 덮친 백사장의 모래집처럼 허망하게 무너진다. 이후 그녀는 그의 마음을 철저히 지배하게 되어, 유스티니아누스는 그녀에게 많은 부를 나누어주었고 나아가 그녀를 정식 아내로 삼으려 하였다. 하지만 그 시대에 비잔티움에서는 귀족이 하층민 여성이나 유흥가의 여성과 결혼하는 것을 금지하는 제도가 있었다. 또한 유스티니아누스의 어머니와 당시 황후도 이 결혼에 반대했다. 일편단심의 유스티니아누스는 황후와 그의 어머니가 죽을 때까지 기다리기로 했다. 세월이 흘러서 결국 어머니와 황후가 죽고 또한 결혼을 금지하는 법률도 폐지되었다. 이때를 기다렸던 유스티니아누스와 테오도라는 즉각 결혼하였다. 그리고 마침내 유스티누스황제가 조카인 유스티니아누스에게 제위를 물려주자 테오도라는 황후가 되었다. 유스티니아누스는 그녀를 자신과 대등한 제국의 통치자로 임명하고 모든 관료에게 두 사람의 이름으로 충성서약을 하게 하였다. 마침내 그 옛날에 수많은 관중의 시선을 받으며 콘스탄티노플의 극장을 누볐던 여자가 비잔틴제국의 여황제가 되었다.

그러나 세상 사람들의 질투와 도덕심 때문에 그녀를 헐뜯는 소문이 무성하였다. 그럼에도 불구하고 유스티니아누스가 신앙과 자선을 위해 시행한 모든 사업에서 테오도라의 이름은 동등하게 기록되어 있다. 또한 유스티니아누스가 포고한 법률의 대부분은 테오도라의 현명한 조언에 의한 것이었다. 그녀는 유스티니아누스와 결혼한 이후 정절을 완벽하게 지킴으로써 정적들의 공격으로부터 자신을 지켰다. 테오도라의 권세는 흔들림이 없었고 황제의 애정에도 변함이 없었다. 그리고 결혼한 지 24년 만에 암으로 숨을 거두었다.[13]

4. 주원장

몽고족이 세운 원나라를 무너뜨리고 몽고인들을 북방의 초원으로 밀어낸 후 중원에 한족의 나라인 명나라를 세운 주원장은 본시 미천한 신분으로 태어나서 황제가 된 극적인 인생을 살았다. 그는 AD

---

13) 에드워드 기번, 『로마제국쇠망사』, 동서문화사.

1328년 원나라 말기에 회하 유역에서 가난한 소작인의 자식으로 태어났다. 당시는 관료, 지주층의 소작인에 대한 수탈이 가혹했던 시대로서 그의 집안 역시 중국의 다른 농민들처럼 가난했지만 그의 부모가 근면 성실했기 때문에 그런대로 행복하게 살았다. 그러나 그의 나이 16세 되던 해에 그가 살던 지역은 가뭄과 메뚜기의 피해 그리고 전염병의 창궐로 극심한 재난을 겪었다. 굶주림에 시달리며 초근목피로 끼니를 이어왔던 사람들은 전염병에 감염되어 차례차례 쓰러졌다. 주원장의 집안도 재난을 피할 수는 없었다. 그의 아버지와 어머니 그리고 맏형이 반달 사이에 연이어 사망하였다. 가족 중에 살아남은 사람은 주원장과 그의 둘째 형인 주중육뿐이었다. 가진 것이라고는 아무 것도 없는 두 형제는 죽은 가족의 장례를 치를 수가 없어서 고민하다가, 이웃의 도움으로 묏자리를 구하고는 비바람이 몰아치는 날 둘이서 가족의 시체를 날라서 산언덕에 묻고는 통곡을 하였다. 그때의 가슴 아팠던 기억을 그는 오래 간직했으며, 그가 황제가 된 후에도 측근들에게 종종 들려주었다.

이웃들의 도움으로 죽지 않을 만큼 끼니를 때우고 있던 그는 앞으로 어떻게 살아야 할까를 골똘히 생각하였다. 그는 자신의 부모처럼 일평생 소작인으로 죽도록 일하여도 지주에게 가혹한 착취를 당해 가난에서 벗어날 수 없는 삶을 살고 싶지 않았다. 그렇다고 어디 마땅히 찾아갈 곳도 없었기에, 결국 그의 부모와 약간의 인연이 있었던 사찰로 들어가기로 결심하였다. 주원장은 인근에 있는 사찰 황각사에서 머리를 깎고 승복을 입었다. 그는 절에서 행자로서 온갖 잡일을 하다가, 흉년으로 인하여 절에 소작료와 시주가 들어오지 않자 탁발을 하기 위해 절을 떠나서 유랑 길에 올랐다. 그는 농사가 잘되어 밥

빌어먹을 만한 지역을 골라 정처 없이 떠돌아다녔다. 도시와 촌락을 가리지 않고 다니며 잘사는 집을 보면 목탁을 두들겨댔다. 부드럽게 애걸하기도 하고 때로는 거칠게 떼를 쓰기도 하며 모진 풍상과 고생을 겪을 만큼 다 겪었다. 그러나 이 과정에서 그는 세상 물정을 보고 시야가 넓어졌으며, 원래 총명한 자질에다가 사회적 지식을 쌓게 되어 훗날 큰 인물이 될 기반이 만들어지고 있었다. 이 역시 그의 운명이었다. 그의 삶은 재난을 만나서 내동댕이쳐졌지만, 만약에 재난이 없었더라면 그는 그의 부모를 도우면서 역시 소작인의 삶을 살았을 테니까.

주원장이 유랑하던 몇 년 동안 인근 지역에서는 새로운 변화가 태동하고 있었다. 그 변화의 주인공은 바로 명교(明敎)라고 하는 종교였다. 명교는 조로아스터교가 불교 및 기독교와 혼합되어 만들어진 종교로서 페르시아인 마니가 창시하여 당나라 시대에 중국에 전파되었다. 명교는 당시 민간에서 성행하던 불교로부터 파생된 미륵교, 백련교와 혼합되어 하나가 되었으며, 원나라 말기에 절망에 빠진 하층민들에게 위안과 희망을 제공하면서 급속히 교세가 확장되고 있었다. 명교는 당시 비록 암흑의 세력이 우세를 점하고 있으나, 반드시 명왕 또는 미륵불이 나타나서 암흑과 싸워 이길 것이라고 주장하면서 혁명과 투쟁을 고취하였다. 그리고 마침내 붉은 두건으로 머리를 감싸고는 원나라에 대항하여 무장봉기하였다. 주로 빈곤에 지친 소박한 농민들이 대나무 창, 곡괭이 또는 도끼로 무장하여 정의로운 투쟁의 대열에 나섰는데, 머리에 붉은 두건을 둘렀기 때문에 홍군이라고 불리었다. 초기에 그들은 대부분 정부군에 의해 진압되었다. 그러나 농민은 굴복하지 않고 넘어지면 다시 일어나 저항했다. 지주와 관료들의 무자비한 착취와 학대가 계속되는 한 그들의 저항도 그칠 수 없는 것이었다. 이와 함께 지배계급의 부패와 타락 그리고 분열이 심화되어 결국 홍군은 원나라를 허리에서 잘라 두 토막으로 만들 만큼 성장하게 되었다. 1351년 홍군의 대봉기가 발생한 이후 원나라의 주력 군대는 수도인 북방 대도(북경 근처)를 중심으로 하는 지역만을 통제할 수 있었고, 강남지역은 중국인 농민들이 중심이 된 홍군이 장악하게 되었다.

이 당시 주원장은 절에 머물면서 끊임없이 바깥세상의 소식을 듣고 있었다. 그의 머리에서는 세상의 문제가 무엇이고, 또 세상이 어떻게 바뀌어야 하는 지가 명확하게 정리되었다. 바로 이때 주원장의 인생을 바꾸게 되는 운명적인 사건이 발생하였다. 인근에서 활동하던 홍군의 우두머리 중에서 곽자흥이라는 사람이 있었는데, 그는 어느 날 밤에 홍군 수천 명을 이끌고 인근의 중심도시 호주성을 기습하여 관청을 점령하고 탐관오리를 처단하였다. 그때 호주성 남쪽 30리 거리에 주둔하고 있던 원나라 장군은 홍군이 두려워서 감히 성을 공격하지 못하고 각 촌락에 병사들을 보내서 장정을 잡아다가 머리에 붉은 두건을 씌우고는 홍군을 포로로 잡았다고 상부에 보고하고 상을 타려고 하였다. 그로 인하여 그 지역 백성들은 원나라 군대에 시달려서 살 수가 없게 되었다. 그때 그 지역에서 머물고 있던 주원장은 이제 자신의 인생에서 중대한 선택을 해야 할 시간이 왔음을 인식하였다. 절에 그대로 머물러 있어 봐야 원나라 군대에 잡혀서 그들이 상금 타는 데 쓰이고 목숨 보전이 어려울 것임이 명백했다. 결국 그는 절을 떠나 홍군의 대열에 합류하기로 결정하였다. 이때 그의 나이 25세. 16세에 재난을 맞아 시작된 고통의 세월, 즉 고통스러운 하락파동이 끝나고 이제 그의 인생에 상승파동이 확연히 나타나기 시작하였다. 그는 호주성에 있는 홍군 대장 곽자홍에게 가서 그의 부하가 되었다. 주원장은 좋은 체력, 총명함, 결단력, 침착성으로 인하여 많은 공을 세우고 홍군 내에서 빨리 승진하였다.

게다가 주원장은 대장 곽자홍의 총애를 듬뿍 받아서 결국 그의 둘째 딸과 결혼하여 단단한 뒷배를 갖게 되었고 부대 안에서 주공자로 불리게 되었다. 이후 그는 곽자홍 부대의 핵심 장교 중의 한 명으로서 종횡무진 활약을 하게 된다. 그리고 이때부터 그는 한고조 유방을 모범으로 삼고 그처럼 도량이 크고 사람을 잘 쓰는 인물이 되기 위하여 노력하였다.

몇 년 뒤 곽자홍이 병에 걸려 죽게 되어 그의 부대는 그의 아들 곽천서, 처남 장천우 그리고 주원장이 공동으로 이끌게 되었다. 그러나 부대 내에서 병사들의 지지도를 보나, 개인적 능력으로 보나, 참모진의 자질을 보나 사실상 주원장이 주도하고 있었다고 할 수 있다. 그리고 얼마 지나지 않아서 곽천서와 장천우가 적의 계략에 빠져서 죽임을 당하였기 때문에 주원장은 곽자홍 부대의 명실상부한 대장이 되었다. 그는 대군을 이끌고 양자강을 건너 북상하였다. 당시 홍군의 최고 지휘자는 유복통이라는 사람이었고, 그가 내세운 새로운 왕인 소명왕이 형식적인 최고 지위를 갖고 있었다. 주원장은 형식상으로는 이들의 휘하에서 공식적인 대장으로 인정받았지만 실제로는 독자적으로 전쟁에 임했다. 당시 원나라 군대는 유복통, 장사성, 서수휘 등이 지휘하는 몇 개의 반란군(홍군과 비홍군 포함) 주력부대와의 전투에 집중하고 있었기 때문에, 주원장이 지휘하는 부대에는 별 관심을 두지 않았다. 주원장은 이러한 형국을 이용하여 근거지를 굳히고 실력을 키워서 나중에 더욱 크게 발전할 수 있는 기반을 만들어갔다. 결국 나중에 소명왕의 군사력이 원나라 군대에 소멸되고 동시에 원나라의 군사력도 거의 소진되었을 때, 반대로 주원장은 넓은 땅과 백성 그리고 많은 재력을 보유하게 되었고 그의 부대는 상당한 규모의 잘 훈련된 강력한 군대가 되었다. 그는 새로운 지방을 점령할 때마다 그 지역의 지식인이면서 중소지주인 유사를 찾았다. 그들을 자기 사람으로 만들기 위해 온갖 방법을 동원하였고, 결국은 그들을 비서, 고문, 참모로 사용하다가 충성심이 드러나면 점령지역에 파견하여 지방관으로 삼았다. 그는 지식인과 인재를 중시하였는데 이것이 그의 성공비결 중의 하나였다. 또한 그의 군대가 일반 백성들의 식량에 의존하는 약점을 극복하기 위하여 병사들이 직접 황무지를 개간하여 경작하게 함으로써 백성들에게 피해를 주지 않고 식량문제를 해결하게 되었다. 이 역시 그의 성공비결 중의 하나였다. 그러나 이전 시대 지주 중의 일부를 자신의 동조세력으로 만드는 과정을 겪으면서 그의 정권에는 농민색깔이 희석되고 동시에 지주색깔이 짙어지게 되었다.

1364년 그의 나이 37세에 자립하여 오왕이 되었고 백관을 설치하였다. 그러나 이후 주원장의 정치적 입장은 변하고 만다. 즉 그는 이전에는 명교와 농민봉기의 영수로서 잘못된 지주제와 기존의 사회질서의 타도를 외쳤지만, 그때부터는 지주계급의 기득권을 공고히 하면서 유교사상을 옹호하기 시작하였다. 이와 함께 주원장은 공개적으로 홍군과의 결별을 선포하였고, 얼마 후에 홍군을 대표하는 소명왕을 살해하였다. 중국에서 가장 토지가 비옥하고 물산이 풍부하며 인구밀도가 높은 강남지역을 통치하던 주원장은 원나라 군부의 내분을 이용하여 중원을 취하기 위해 북진을 시작하였다. 주원장이 이끄는 북

벌군은 원나라 수도인 대도(북경 인근)를 직접 공략하는 것은 위험하
다고 생각하여, 중원의 여러 지역을 우선적으로 점령하면서 대도를
고립무원으로 만들어서 서서히 목을 조르는 전략을 채택하였다. 주원
장의 북벌군이 파죽지세로 진격하니 원나라의 군대는 바람에 쓰러지
듯이 줄줄이 항복하였다. 그리고 얼마 지나지 않아서 북벌군은 대도
를 함락시켰다. 그리고 곧 주원장은 오왕에서 황제로 격상되었고, 국
호는 대명(大明)이라고 선포하였다. 명나라 초대황제로서 국가의 기반
을 만들기 위하여 그는 불철주야 노력하였다. 그는 원래 근면 검소한
성품이었는데, 황제가 된 이후에도 이러한 성품은 변하지 않았다. 게
다가 그는 남을 믿지 못하는 성격이 있었기 때문에 대소정무를 모두
직접 처리하려고 하였다. 이 때문에 그는 날마다 밝기도 전에 침상에
서 일어나 집무를 시작하여 깊은 밤까지 공문을 읽었다. 기분전환을
위한 오락은 조금도 가까이하지 않았다. 그는 31년간 황제로서 통치
하다가 71세에 세상을 떠났다.[14]

5. 프랭클린

　"아메리칸 드림"을 상징하는 인물인 벤저민 프랭클린(Benjamin
Franklin)은 1706년 미국 매사추세츠 주 보스턴에서 가난한 집안에 태
어났다. 그의 집안은 원래 신교도였는데, 종교의 자유를 찾아 영국에
서 신대륙 뉴잉글랜드로 이주하였다. 벤저민은 어릴 적에 목사가 되
기 위하여 라틴어학교를 잠시 다녔다. 공부를 잘하여 수석을 하고 월

---

14) 오함, 『주원장전』, 지식산업사.

반을 하였지만 열 명이 넘는 자식을 가진 그의 아버지가 생활상의 어려움으로 인하여 일 년 만에 벤저민의 라틴어학교 교육을 중단시켰다. 그 대신 그의 아버지는 학비가 싼 기초학교로 그를 전학시켰는데 끝내 그마저도 그만두게 되었다. 벤저민은 열 살 때부터 아버지의 생업인 양초와 비누 만드는 일을 거들었다. 그러나 그 일은 얼마 가지 않아서 그만두고 그 후 형이 운영하는 인쇄소에서 견습공으로 일했다. 본시 책 읽기를 좋아했던 그는 인쇄소에서 책을 마음껏 볼 수 있어서 그 일을 좋아했다. 그와 더불어 글 쓰는 연습을 열심히 하여 많은 발전이 있었는데, 이는 훗날 그의 성공에 큰 도움이 되었다. 그러던 중 벤저민이 미지의 세계로 끌려들어 갈 새로운 사건이 생겼다. 그것은 인쇄업을 하던 그의 형이 신문발행을 시작한 것이다. 벤저민은 처음에는 인쇄된 신문을 거리로 가지고 나가서 독자들에게 파는 역할을 하였다. 그러다가 자신이 쓴 글을 신문에 내보고 싶은 욕구를 느꼈지만 자신의 이름으로는 받아들여지지 않을 것이라 생각하여 익명으로 글을 써서 밤중에 몰래 인쇄소 앞에 떨어뜨려 놓았다. 아침에 형이 그 글을 발견하고는 그의 친구들에게 보여주었는데, 그들은 모두 벤저민의 글을 높이 평가하였다. 이런 방식으로 자신의 글을 신문에 내고 좋은 평을 받았고, 결국 나중에는 형에게 자신의 글임을 밝혔다. 그러나 이후 형과의 불화가 심해져서 더 이상 형 밑에서 일하기가 싫어졌고 결국 보스턴을 떠나기로 하고 17세 때 뉴욕행 배에 올랐다.

그는 뉴욕에서 일자리를 찾지 못하고 방황하던 중 필라델피아에 있는 어떤 인쇄소에 추천받아서 다시 그곳으로 떠났다. 거의 빈손으로 필라델피아에 도착한 그는 빵 한 덩어리로 허기를 달래고 예배당에서 잠자면서 그곳에서의 생활을 시작하였다. 그리고 인쇄소에 취직

되어서 일하기 시작했으며 방도 구하고 친구도 생겨서 조금 안정된 생활로 돌아갔다.

그러나 새로운 인쇄소를 개설하게 해주겠다는 주지사의 신뢰할 수 없는 말을 믿고 인쇄 장비를 구비하려고 런던으로 왔다가 주지사의 말이 허풍이었다는 것을 깨달았지만, 다시 필라델피아로 돌아가지 못하고 런던의 인쇄소에서 일하면서 하루 벌어 하루 먹고사는 비참한 생활에 빠져든다. 시간이 지나면서 그는 런던에서 좀 더 나은 생활을 하기 위하여 큰 인쇄소로 옮겨서 일하게 되었다. 그는 런던에서 1년 반 동안의 생활을 마치고 다시 필라델피아로 돌아왔다. 하지만 그는 이전처럼 인쇄소에서 일하지 않고 런던에서 만난 어떤 상인이 필라델피아에서 운영하는 상점에서 장사 일을 도왔다. 그는 장사에 필요한 지식, 예를 들면 부기 같은 것을 배워서 점차 장사에 능숙해져 갔다. 그러나 운명의 장난인지 그 상인이 병으로 세상을 뜨는 바람에 벤저민은 다시 홀로 남겨졌고 다른 일자리가 구해지지 않는 바람에 예전에 일했던 인쇄소로 다시 돌아가게 되었다. 그러다가 인쇄소 주인과 사소한 다툼으로 직공생활을 청산하고 인쇄소에서 동료였던 사람과 힘께 새로이 인쇄소를 차렸다. 동료의 아버지가 자본을 대고 벤저민이 기술을 제공하기로 하고 경영은 두 사람이 공동으로 하기로 하였다. 동료와 단 둘이서 모든 일을 해가면서 인쇄소를 운영하였는데, 매우 고된 나날이 계속되었지만 열심히 일했다. 그리고 그 결과로서 그들이 운영하는 인쇄소에 대한 평판이 점차 좋아지고 신용도 높아지고 있었다.

나아가서 벤저민은 당시 읽을거리가 부족했던 현실을 직시하고 신문 발행을 시작하였다. 그가 발행한 신문은 그때까지 나온 신문과는 확실히 달랐다. 즉 활자도 좋았고 인쇄도 깨끗했으며 많은 비평을 실었다. 또한 필라델피아에서 지도적 지위에 있는 사람들이 벤저민의 필력을 인정하여 그가 발행하는 신문을 후원해주었다. 그로 인하여 그 신문은 그 지역 사람들의 주목을 끌었고 발행부수는 나날이 늘어갔다. 게다가 지역경제를 활성화하기 위해서는 지폐의 발행을 늘려야 한다고 주장하는 벤저민의 글이 신문에 나가면서 사람들에게 대단한 공감을 불러일으켰고, 그 결과로 주 의회는 지폐발행을 늘리기로 결정하면서 지폐 인쇄업자로 벤저민을 지정하였다. 이는 상당한 이윤을 얻을 수 있는 사업이었다. 그 밖에도 새로이 문구장사를 시작하여 역시 성공을 거두었다. 벤저민의 사업은 점점 더 번창해져 갔다.

평소에 책 읽기를 좋아하고 지적 토론을 즐겼던 벤저민은 주위에서 뜻이 맞는 사람들과 독서클럽을 만들었을 뿐 아니라, 나아가 여러 사람이 책을 가깝게 할 수 있도록 공공도서관 설립을 추진하였다. 당시 인근 지역에서는 책을 구하기가 매우 어려웠고, 읽고 싶은 책은 대부분 영국에서 수입하고 있었다. 벤저민은 처음에 50명의 회원을 모아서 방을 하나 얻어서 각자가 가지고 있는 책을 모으기로 하였다. 그러다가 후에는 회원들이 회비를 내어 기금을 만들어서 책을 구매하는 방식으로 바뀌었다. 그리고 회원들은 매번 1주일간 책을 빌려서 읽을 수 있었다. 이렇게 설립된 도서관은 곧 입소문을 타고 인근에 알려져서 회원이 늘어나면서 독서열풍이 불었다. 또한 벤저민 자신 역시 도서관으로 인하여 큰 덕을 봤다. 그는 매일 일하는 시간을 제외하고는 독서하는 재미로 살았다. 그는 술집도 가지 않았고, 노름도 하지 않았고 어떤 종류의 유희도 하지 않았다. 그는 열심히 일했고, 절약했고 그리고 공부하였다. 그는 그의 생활관과 인생관을 다른 사람과 공유하고자 했고 이를 위해 청년 계몽 사업에 앞장섰다.

그는 사업가로서 성공의 가도를 달렸다. 필라델피아에서 유일하게 신문을 발행하고 나아가서 다른 여러 지역에서 새로운 신문을 발행하면서 그의 사업은 빨리 성장하였고 그의 재산은 급속히 증가하였다. 게다가 36세 되던 해에 그는 실내를 좀 더 따뜻하게 할 수 있는 난로를 발명했는데 이름을 "프랭클린 스토브"라고 붙였다. 이 난로는 새로운 공기가 들어가면서 따뜻하게 덥혀지게 고안되었는데 이전의 난로들보다 난방효과가 더 좋고 연료도 적게 소모되었다. 이렇게 만들어진 난로는 수요가 빨리 늘어나서 그는 상당한 돈을 벌게 되었다. 그러나 그는 주위사람들의 권유에도 불구하고 자신이 발명한 기술에 대한 특허권을 거부함으로써, 그가 발명한 기술이 널리 세상에 유익하게 사용되게 하였다. 자연과학적 발견에 있어서 그의 업적은 주변 사람들을 놀라게 하였고, 그로 인하여 과학자로서의 명성도 얻게 되었다. 이는 바로 "번갯불과 전기가 동일하다"는 것으로서 흔히 "필라델피아 실험"으로 불린다. 그로 인하여 그에게 1753년에 "고드프리 코플리상"이 수여되었다. 그는 "펜실베이니아의 청년교육에 관한 제인"이라는 글을 발표하여 좋은 반응을 얻은 다음에 이를 기반으로 하여 대학설립을 추진하였고, 결국 1749년에 필라델피아 대학이 문을 열고 강의를 시작하였다. 그 후 40년간 그는 이 대학의 이사로서 대학의 발전을 위해 노력하였다. 그 밖에도 1751년에 그의 주도로 자선병원이 설립되었다. 그는 많은 공공사업을 통하여 지역 사람들에게 좋은 평판을 얻으면서 다양한 공직을 떠맡게 되었다. 나이 30세 되던 1736년에 벤저민은 주 의회 서기로 선출됨으로써 최초로 공직에 진출하였고, 그 후 다시 필라델피아의 우편국장이 되었던 적이 있었다.

그리고 훗날 명성을 얻어서 시의원, 치안판사, 참의원 그리고 주 의원
으로 선출되었다. 특히 그는 주 의회 의원을 10년 동안 하면서 많은
정치적인 업적을 이루었다. 나아가 그는 미국 독립전쟁에 참가하여
펜실베이니아 대표로 미국독립선언문에 서명하였고, 70세의 나이에 미
국의 독립을 보았다. 그리고 1790년에 84세의 나이로 세상을 떠났다.[15]

6. 정약용

조선 후기 대표적인 실학자라고 할 수 있는 정약용은 파란이 가득
한 삶을 살았고, 생애에서 상승파동과 하강파동이 교체적으로 찾아온
대표적인 사례라고 할 수 있다. 정약용은 1762년에 경기도 광주 마재
에서 출생하였다. 우연인지 운명인지 그는 영조의 아들 사도세자가
뒤주 속에서 죽은 후 24일 되던 날에 출생하였다. 이것이 운명이라면
아마도 그는 사도세자의 아들인 정조와의 깊은 인연을 타고났다고
할 수 있다.

그는 당시 정계에서 소외된 남인 집안에서 태어났지만 부친이 지
방관으로 관직에 진출하였기 때문에 어렵지 않은 어린 시절을 보냈
고 일찍이 학문에 관심과 재능을 보였다. 그의 나이 아홉 살 때 어머
니가 세상을 떠나고 나서는 슬픔을 극복하기 위하여 더욱 학문에 매
달렸다. 특히 그는 실학자인 성호 이익의 사상에 깊이 빠져서 평생의
정신적 지주로 삼았다. 또한 당시 남인들 사이에서 유행하던 천주교
에 대한 관심을 갖기도 했다. 정약용은 기본적으로 천주교에 대한 호

---

15) 벤저민 프랭클린, 『프랭클린 자서전』, 인터미디어.

감을 크게 갖지 않았지만, 그의 친척들이 대부분 천주교를 받아들였기 때문에 그 역시 천주교와의 인연으로부터 자유롭지 못하였다. 어쨌든 천주교는 훗날 정조 사후 정순왕후 김씨가 집권하여 남인을 숙청하는 빌미로 이용되었고, 이로 인하여 정약용 역시 죽음의 문턱에까지 다녀오게 된다.

정약용은 22세에 초시에 합격하여 생원이 되었고, 성균관에 들어가 대과공부를 시작하였다. 그러나 대과급제는 쉽게 이루어지지 않다가 그의 나이 28세에 장원급제하여 관직에 들어섰다. 이후 10년 동안 정약용은 순탄한 벼슬살이를 하였는데, 실용적인 지식과 강직한 성품으로 인하여 정조의 총애를 듬뿍 받았다. 노론이 정계를 지배하고 있던 시대에 남인 출신 정약용이 벼슬길에서 성공가도를 달린 것은 물론 그의 뛰어난 능력이 기반이 되기도 했지만, 개혁을 추진한 뛰어난 군주 정조와의 만남이 있었기에 가능하였다. 당시 정조는 노론세력을 누르면서 개혁을 추진하기 위해서 남인 출신의 우수한 젊은이들을 많이 등용시키려고 했다. 정조는 정약용이 성균관 유생이었던 시절에 이미 그의 재능과 인격을 보고 마음에 두었고, 그가 대과에 급제한 후에는 그를 중용하기로 결심하였다.

이런 정치적인 요인 이외에도 두 사람은 마치 전생에 부부 사이였기라도 하듯 모든 면에서 마음이 일치하였고, 서로에 대한 연민을 느꼈다. 정약용은 관료로서 여러 요직을 거치면서 고속 승진하여 관직생활 10년 만에 당상관인 승지와 참의의 지위에 올랐다. 그가 판서, 정승에 오르는 것은 시간의 문제였을 뿐이었다. 실제로 그동안 정조가 펼쳤던 거의 모든 개혁사업에는 정약용의 자취가 배어 있다고 하여도 과언이 아니다. 결국 정조라고 하는 군주를 떼어놓고는 정약용의 인생에서 흥망성쇠를 논할 수 없는 것이었다.

사람의 인생에서 길흉화복은 어디서나 인연에 기인한다.

정약용의 인생에서 상승파동은 정조를 만나서 총애를 받으면서 관료로서 뛰어난 능력을 발휘한 것에 기인한다. 그러나 정조의 개혁정책을 열성적으로 추진하는 과정에서 노론세력과 엄청난 마찰이 발생하였고 그로 인해 그들의 미움을 받았고 표적이 된 것이 사실이다. 또한 정약용의 성격 역시 강직하기만 할 뿐 정적들과 화해와 타협 등을 위한 어떤 시도도 없었다. 따라서 정조가 세상을 떠날 경우 보호자를 잃어버린 어린아이와 같은 존재가 될 것이고, 결국 박해를 받을 수밖에 없는 신세가 될 것은 불 보듯 명확한 것이었다. 또한 정조 재위 기간 동안 사도세자 죽음의 책임소재를 두고 벌어졌던 남인과 노론의 정면대결은 정조 사후 참혹한 사화를 예고하고 있었다.

정약용은 정조가 세상을 떠나기 전에 이미 노론의 탄핵을 받고 형조참의를 마지막으로 벼슬살이를 청산하였다. 그리고 정조의 만류와 간청을 끝내 받아들이지 않고 고향인 경기도 광주 마재로 낙향하였다. 정약용이 낙향해 있던 1800년(정조 24년)에 정조는 의문 속에서 사망하였다. 지병인 종기로 인한 죽음인지 아니면 그의 정적인 대비 정순왕후 김씨에 의한 독살인지는 역사학자들 사이에서 논쟁되는 부분이므로 여기서는 논외로 하자.

정조의 죽음은 정치권에 파장을 예고하였다. 정조의 아들 순조는 정조 사망 시에 겨우 열한 살에 불과하였기 때문에 법적으로 왕실 최고 어른인 대왕대비 정순왕후 김씨가 섭정을 하게 되어 있었다. 그녀가 누구던가? 15세의 나이에 영조의 계비가 되어 사도세자 제거에 앞장섰으며 노론의 영수였다. 그녀야말로 정조의 철저한 정적이었으며 정조를 독살했다는 세간의 의심을 받고 있는 사람이었다. 그녀의 집권은 노론의 세상이 다시 도래하여 개혁정치가 끝나고 반동의 시대가 시작됨을 알리는 것이었다. 또한 정조의 개혁에 앞장선 정약용, 이가환 등 남인세력에 대한 복수극의 서막이 예고되었다. 남인의 영수 채제공은 이미 죽어서 화를 면한 행복한 사람이었다. 자신을 보호해 줄 사람을 잃고 고아가 되어버린 정약용은 감당하기 힘든 공포를 느꼈다. 10년간의 벼슬살이를 통하여 정치판의 생리를 알고 있는 그에게는 머지않아 들이닥칠 환란이 예리하게 머리에 파고들었다. 환란을 피하기 위해 그가 할 수 있는 일이란 세상과 절연한 모습을 보여서 정적들의 표적에서 벗어나는 것뿐이었다. 또한 공포를 잊기 위해 자신의 내면에서 삶과 죽음의 문제에 초연하려고 노력하였다. 이제 그의 인생은 사회적 차원에서는 급속한 하강파동에 말려들었다. 이제 "목숨을 건질 수 있을 것인가?"라는 의문만이 그에게 남아 있었다.

드디어 올 것이 왔다. 정조의 시신이 채 식기도 전인 순조 즉위년 12월에 정순왕후와 노론이 남인들을 베기 위하여 칼을 뽑아들었다. 명분은 천주교였다. 노론정권은 천주교를 사교로서 엄금하고 천주교도에 대한 검거를 대대적으로 시행하였다. 우선 정약용의 형인 정약종이 체포되어 처형을 당하였고, 이어서 정조시대에 대신이었고 채제공의 뒤를 이어 남인의 영수가 된 이가환이 체포되어 심문을 받았다. 그는 천주교를 확실히 버렸다고 주장했지만 노론이 원한 것은 그의 신앙고백이 아니라 그의 목숨이었다. 그는 결국 옥중에서 곤장을 맞다가 목숨을 잃었다. 검거와 처형의 광풍이 휘몰아치고 있던 중에 정약용이 체포되어 국청에 서게 되었다. 국청의 심문은 형식적이었고 그들이 원하는 것은 정약용의 목숨이었다. 그는 자신이 천주교 신자라는 혐의를 완강히 거부하고 다른 사람에 관해서는 절대로 입을 열지 않았으며 다만 죽기를 바란다고 말하였다. 그 과정에서 그는 매 맞고 고문을 당하였지만 그가 천주교신자라는 증거는 전혀 나오지 않았다. 오히려 반대로 그가 친지들에게 천주교를 멀리하라는 충고를 써 보낸 편지가 나타나서 노론을 난처하게 만들었다. 그를 처형시킬 명분을 찾지 못한 노론은 결국 그를 유배 보내는 것으로 일을 마무리지었다.[16]

정약용은 풀려나서 다음 날 유배 길에 올랐다. 처음에는 경상도 장기였다가 결국은 전라도 강진이 되었다. 이후 정약용은 전라도 강진에서 20년 가까운 길고 긴 유배생활을 하게 된다. 사회적 지위라는 관점에서 보면 그는 완전히 몰락한 사람이었다. 그러나 그는 유배지에서 새로운 삶을 시작하였고, 인생의 새로운 의미를 발견하였다. 그것은 바로 학자로서의 인생, 오늘날 우리가 정약용 하면 떠오르는 것은 정치가로서가 아니라 학자로서의 이미지인데 이것은 바로 그의 유배생활에서 초래된 것이다. 참으로 인생은 불가사의한 것이다. 강진에서 유배생활을 하면서 그는 세상과 절연하고 오로지 학문에만 몰두하여 『경세유표』, 『목민심서』, 『흠흠신서』 등과 같은 훌륭한 저작을 남겼다. 그 밖에도 정약용은 실학자답게 현실이 담겨진 많은 시를 지었다. 또한 그는 주역을 깊이 연구하여 『주역사전』을 저술했으며 이와 더불어 자신의 지난 삶이 모두 운명이었다는 것을 깨달았다.

---

16) 이덕일, 『정약용과 그의 형제들』, 김영사.

1818년(순조 18년) 정약용은 18년간의 유배생활을 끝내고 고향으로 돌아왔다. 이후 그는 다시 세상으로 나아가지 않고 산과 들을 유람하면서 여생을 보냈다. 그리고 1836년 75세의 나이로 세상을 떠났다.

7. 슐리만

동화 같은 인생을 산 고고학자 슐리만(Heinrich Schliemann)의 이야기는 고고학에 관심을 가진 사람들에게는 널리 알려진 이야기이다. 그는 어린 시절에 들은 동화 같은 이야기를 사실이라고 믿었고, 그 믿음을 끝내 사실로서 입증한 전설적인 고고학자이다. 그는 고고학적 발견만으로 유명한 것이 아니라 자신의 생애 역시 가난한 소년에서 시작하여 거부가 된 신화를 창조하여 스스로가 동화의 주인공이 되었다.

그는 1822년에 독일 북부 메클렌부르크 지역의 작은 마을에서 가난한 성직자의 아들로 태어났다. 그의 아버지는 그가 어린 시절에 우화와 전설들에 관한 이야기들을 많이 들려주었는데, 그중에서두 특히 트로이전쟁과 관련된 이야기는 소년 슐리만의 상상력을 자극하였다. 그는 그의 아버지에게 어른이 되면 트로이의 보물을 찾아볼 것이라고 말하였다.

가난으로 인하여 소년 슐리만의 학교교육은 14세에 끝났고 그 후 약 6년간 식품점에서 사환으로 일하였다. 그의 나이 20세에 그는 함부르크로 가서 베네수엘라행 배의 선실급사로 고용되었는데, 그 배는 바다에 나간 지 14일 만에 심한 폭풍우를 만나서 네덜란드의 어느 섬 앞에서 침몰하였다. 그는 구조되었고 그 인연으로 인하여 이후로 한동안 암스테르담에서 사환으로 고용되어 살게 되었다. 암스테르담 시절 그는 다락방에서 영어, 프랑스어, 네덜란드, 스페인어, 이탈리아어 및 러시아어를 공부하였다. 24세 때 그는 암스테르담에 본사를 두고 있는 무역회사의 대리인 자격으로 러시아에 갔고 그로부터 1년 후에 러시아에 자신의 무역회사를 세웠다. 그는 급격히 상인으로서 두각을 보이기 시작하였다. 다시 4년 후인 1850년에 미국으로 건너가서 캘리포니아의 금광개발에 몰두하였다. 그러나 미국생활에 만족하지 못하고 결국 다시 러시아로 돌아왔다. 몇 년 후에 그는 그리스어를 공부하기 시작해서 호머의 시를 충분히 이해할 수 있을 정도의 실력을 갖추었다. 동시에 그의 사업 역시 날로 번창하여 그의 나이가 40세가 되었을 때에는 상당한 부를 갖게 되었다. 그리고 그의 나이 46세에 자신의 사업을 정리하고 오랫동안 꿈꾸었던 트로이유적 발굴을 위해 고고학자로서의 인생을 새롭게 출발하였다. 슐리만의 시대에 호머의 시는 대부분의 사람들에게는 단지 신화 또는 전설로 받아들여졌다. 따라서 오직 호머의 시를 사실이라고 생각하고 과학적 근거 없이 유적발굴에 뛰어든 슐리만은 세상 사람들에게 제정신이 아닌 사람으로 보였다. 에게 해 연안으로 간 그는 오직 호머의 시 『일리아드』에 나오는 장면묘사에 의존해서 트로이가 있던 지역을 찾았다. 그가 가장 중시한 장면묘사는 *"용감한 경주자인 아킬레우스가 모든 신이 보는 가운데 헥토르의 뒤를 돌아 프리아모스의 성 주위를 어떻게 세 번 돌았는지"*에 관한 것이었다. 이 구절은 슐리만에게 주변의 자연환경에 대한 단서를 제공하였다. 그 밖에도 『일리아드』에 나오는 두 번째 노래에서 일곱 번째 노래에 묘사된 트로이전쟁 첫날의 움직임도 중요한 단서가 되었다.

결국 그는 터키의 에게 해 연안 부나르바시라는 마을 근처에 있는 히사를리크 언덕이 트로이가 있던 곳이라고 판단하고 발굴 작업을 준비하였다. 그 와중에 47세의 백만장자 미혼남성 슐리만은 자신의 일을 돕던 20세의 아름다운 그리스 미혼녀 소피아와 사랑에 빠졌고, 1869년에 두 사람은 결혼했다. 그리고 1870년 히사를리크 언덕에서의 발굴 작업이 시작되었다. 100명의 인부가 동원되어 2년 반 동안 땅을 팠다. 모기가 옮겨준 열병, 나쁜 물, 거친 노동자 등 많은 어려움에 봉착했지만, 슐리만의 강철 같은 의지를 꺾지 못하였다.

그 언덕은 마치 양파를 벗길 때와 같이 파내려 갈 때마다 다른 시대의 유적이 계속 나타났다. 이는 하나의 문명이 출현했다가 멸망하고 또 다른 문명이 그 위에 세워진 형국을 암시하는 것이었다. 결국 그는 서로 다른 층에 묻혀 있던 모두 아홉 개의 도시를 발굴하게 되었다. 이제 문제는 그중에서 어떤 것이 트로이의 유적인가 하는 것이었다. 슐리만은 바닥으로부터 두 번째의 층을 트로이 유적이라고 결론지었다. 이 결론은 나중에 틀린 것으로 판명되었지만 어찌 되었든 그는 셀 수 없이 많은 유물을 빌굴하여 고대의 역사를 입증하고 고고학의 발전에 큰 족적을 남겼다.

더욱 극적인 사건은 그가 프리아모스 궁전이라고 생각했던 석조건물의 아래에서 그의 아내와 함께 금으로 만들어진 왕관과 장신구 같은 값비싼 유물을 대량으로 발견한 것이었다. 그는 이 보물을 유럽의 학문을 위하여 서유럽에서 보관하였다.[17]

---

17) C.W. 세람, 『낭만적인 고고학 산책』, 대원사.

고고학자로서 슐리만의 성공신화는 여기서 그치지 않는다. 트로이 유적 이후에 그는 미케네에서 왕릉을 발굴하였고 거기서 다시 황금으로 만들어진 왕관과 장신구들을 대량으로 발견하였다. 정규교육을 조금밖에 받지 않은 사업가 출신으로서 고고학적 발굴에서 엄청난 성공을 거둔 슐리만의 인생 이야기는 그가 발굴한 유물과 함께 전 세계인에게 큰 충격을 주었다. 이와 더불어 트로이와 호머에 관한 많은 출판물들이 쏟아져 나왔다. 그러나 고고학자로서의 전문교육을 받지 못한 사람이 거둔 엄청난 성공에 대하여 전문고고학자들의 질투성 비판도 역시 봇물을 이루었다. 물론 그는 그가 발견한 유물들의 연대를 잘못 추정하였고, 보존되어야 할 고대의 건물들을 철거했고 중요한 단서가 될 수 있는 벽들을 파괴하기도 한 미숙을 보였다. 특히 그는 조국 독일에서 자신의 업적을 제대로 인정받지 못한 아픔을 당하였다. 그럼에도 그가 발굴한 트로이의 유물들은 베를린의 선사시대 박물관이 소장하게 되었다.

1890년 그는 68세의 나이로 이탈리아 나폴리에서 세상을 떠났다. 숨을 거둔 그의 육체가 그의 정신적 조국인 그리스의 아테네로 옮겨져서 성대한 장례식이 치러졌다.

8. 민영익

이 세상에는 인생의 초반, 중반에 매우 좋은 흐름을 보이는 바람에 자신의 행운이 영원할 것이라고 믿고 기고만장하다가 결국 인생의 후반부에 비참한 처지에 놓인 사람들도 많이 있다. 이제부터는 그 대표적인 사례로서 이조 말의 세도가 민영익의 이야기를 하려 한다.

1860년에 민태호의 아들로 태어난 민영익은 어려서부터 총명한 사람이었던 것으로 알려져 있다. 게다가 일찍이 행운이 찾아와서 당대의 권세가인 민비의 오빠 민승호의 양자로 들어가게 되었다. 사실 민비의 친형제자매는 어려서 모두 죽었고 민승호가 민비가문의 양자로 들어와서 대를 이었는데 민승호가 사고로 일찍이 죽자 민영익이 민승호의 양자로 들어와서 민비가문의 대를 이은 것이다. 결국 민영익은 족보상으로는 민비의 조카가 되었다. 이후 민영익은 민비와 고종의 지극한 사랑을 받았으며 민비의 후광을 업고 출세가도를 달렸다. 열아홉 어린 나이에 이조참의에 올라 조정의 인사권을 거머쥐고 막강한 영향력을 행사하였고 또한 스물다섯 살에 친군영의 최고사령관인 우영사에 임명되어 군사권을 장악하게 되었다. 당시의 정계상황에서 민영익은 왕 다음 가는 권력자가 되었다. 또한 조선 전체의 역사에서 이처럼 빨리 출세를 한 경우는 전례가 없었다. 그는 그의 권력을 자신과 민씨 일족의 부귀영화를 유지하는 일에 주로 사용하고 있었다. 게다가 그는 자신의 출세에 도취하여 건방이 하늘을 찌르고 있었다. 예를 들면 당시 고종이 왕권행사를 제한하는 청의 외압에서 벗어나기 위하여 반청, 친시구 노선을 취하는 김옥균 등의 개화당 세력을 중용하고 있었는데, 친청파의 거두로서 민영익은 그것을 못마땅하게 생각하였고 그로 인하여 고종 앞에서도 자기 의견을 고집하여 고종의 미움을 샀다. 그 밖에도 그는 말투가 예절이 없고 모든 행동거지가 오만불손하여 주위 모든 사람의 미움을 받았다. 결국 개화당이 주도한 갑신정변에서 그는 살해대상 1호가 되었다. 그는 갑신정변이 발생한 우정국 축하연에서 개화당이 휘두른 칼에 베이기는 했지만 운 좋게도 목숨을 건졌다. 그러나 행운의 여신은 이제 민영익 곁을 떠났고 이후 그는 계속적인 몰락의 길을 걷는다. 홍콩의 프랑스 은행에 예치된 그의 돈이 두 명의 조선인들에게 인출되고 그들은 그 돈을 가지고 미국으로 도망갔다. 그 밖에도 민영익은 고종이 러시아와 가까이하고 청과 멀어지려 하는 것을 청의 위안스카이에게 밀고했다가 들켜서 고종의 노여움을 샀다. 이후 민영익은 고종 폐위음모사건에 연루되어 홍콩, 상하이 등지를 전전하다가 1914년에 상하이에서 사망하였다.[18)]

민영익의 경우에서 알 수 있는 것처럼 사람의 한평생에는 상승기와 하강기가 있어서 일찍이 상승기를 맞은 사람은 후반부에 긴 하강기를 맞는다. 따라서 이러한 순환의 이치를 깨달은 사람은 자신이 상승기에 있을 때 행실과 마음을 정갈하게 하여 주위의 미움과 원한이 생기지 않도록 항상 조심하고 자신을 낮추면서 겸손하게 살아야 한다. 또한 부귀영화란 본래 물거품 같은 것이어서 언제 사라질지 모른다는 생각을 갖고 생활해야 한다.

9. 왓슨

IBM의 사실상의 창업자이자 회장이었으며 또한 정보처리산업의 제왕인 토마스 왓슨(Thmas Watson)은 1874년 미국 뉴욕 주 이스트 캠벨에 있는 가족 농장에서 태어났다. 그의 아버지는 농사와 벌채를 함께 했지만 불운했고 사업적인 감각도 없었다. 따라서 왓슨은 어린 시절 빈곤 속에서 성장하였다. 그는 어린 시절에 특출한 재능을 보이지

---

18) 박은숙, 『김옥균 역사의 혁명가 시대의 이단아』, 너머북스.

는 않았고 단지 학교성적이 좋았으며 다른 사람들의 호감을 얻는 방법을 알고 있었다. 10대에는 당시 상업학교라고 불리었던 직업훈련소에 다녔지만 중도에 그만두고 잡화점에서 경리로 일하였다. 그 뒤 여러 종류의 상점에서 영업을 해보았고 또한 저축 대부조합에서 주식 파는 일도 해보았다. 그러나 그 모든 일이 잘되지 않았고 그로 인해 자신감이 무너진 상태에서 그의 나이 21세 때인 1895년에 금전등록기를 만드는 NCR이라는 회사에 견습 사원으로 입사하였다. 그곳에서 그는 처음으로 영업에 대한 노하우를 얻게 되었고 능력을 인정받아서 4년 후에 로체스터지점의 책임자가 되었다. 그 후 로체스터지점의 영업실적은 호전되었고 이와 함께 왓슨은 임원들의 관심을 끌게 되었다. 1912년까지 왓슨은 데이턴에 와서 중고 금전등록기 사업을 운영했고 NCR에서 영향력 있는 사람 가운데 한 명이 되었다. 단지 학교교육을 많이 받지 못한 열등감으로 인하여 가급적 상류사회의 사람들과 친분을 맺고 많은 친목모임에 가입하였다. 그는 38세에 사교클럽에서 만난 29세의 미혼녀 재닛 키트리지와 사랑에 빠졌고 곧 결혼했다. 당시 NCR은 금전등록기 시장에서 90% 점유율을 갖고 있었는데 이로 인하여 1912년 셔먼 반독점법 위반혐의로 30명의 임직원이 기소되었는데 그중에 왓슨이 포함되었다. 재판에서 왓슨에게 유죄가 선고되었고 그에게는 범죄자라는 칭호가 붙었다. 그 뒤를 이어서 그는 NCR로부터 해고되었다. 맨손의 무명에서 시작해서 그동안 그가 이루어온 모든 것이 무너지는 날들이었다.

집행유예를 선고받아서 감방에는 가지 않았지만 그는 약 2년간을 실업자로 세월을 보냈다. 이미 한 아이의 아버지가 된 그에게는 직장이 반드시 필요했지만 집행유예를 선고받은 그에게 좋은 직장은 쉽게 손에 잡히지 않았다. 그러던 중 왓슨은 무역회사에서 시작하여 당시에는 많은 기업을 경영하고 있던 플린트라고 하는 사업가를 뉴욕에서 만났는데, 이때 그가 경영하고 있던 회사 중 C-T-R이라고 하는 컴퓨팅회사의 경영을 맡아달라고 하는 제안을 받게 된다. 당시 그 회사는 내부의 암투와 부실경영으로 빚더미에 올라앉아 있었다. 그러나 열정적이고 모험심이 강한 왓슨은 그 회사의 사정을 알게 되면서 재무제표에는 보이지 않는 무한한 가능성을 보았다. 그 가능성의 중심에는 사업 업무과정을 자동화해 주고 자료를 기록해주는 그 회사의 제품이 있었다. 결국 왓슨은 그 회사의 경영을 맡게 되었다.

그러나 그 회사의 경영은 매우 어려웠다. 무엇보다도 회사 내에서 왓슨의 활동을 방해하는 인적인 요소들이 즐비하게 존재했다. 하지만 왓슨은 타고난 사람 다루는 재주를 사용하여 화내지 않고 이들을 설득하였다. 또한 영업에서도 많은 어려움이 있었다. 왓슨이 취임하고 첫해에 C-T-R은 더욱 어려워졌다. 자금은 고갈되고 봉급은 6개월 늦게 지급되었다. 유럽에서 발생한 제1차 세계대전으로 인하여 유럽으로의 수출 역시 지장을 받았다.

왓슨은 우선 기업조직의 경직성을 부수고 평등하고 열려 있는 조직으로 개편하였다. 임직원들이 모두 마음을 열고 의견을 나누었고 이로부터 문제해결의 아이디어가 쏟아져 나왔다. 왓슨은 인재발굴의 중요성을 깨닫고 인재 찾기에 열중하였다. 그에게 있어서 *"인사가 만사다"*라는 격언은 진리였던 것이다. 그는 과거에 반독점 판결에서 유죄판결을 받은 경험으로부터 많은 것을 배웠는데, 그것은 정직한 비즈니스가 사업성공의 비결이라는 것이다. 또한 그는 이를 통해 명예를 회복하고 싶었다.

그동안의 노력에 힘입어 회사사정이 점차 나아지면서 1920년에 C-T-R은 매출액 1,400만 달러에 순이익 200만 달러의 기업으로 변했고, 지난 몇 년간의 연평균 성장률은 20% 정도였다. 그러나 1920~1922년의 불황으로 인하여 다시 고통스러운 세월이 시작되었다. 1921년에 매출액은 전년 대비 30% 하락하였고 결국 이로 인하여 직원들에 대한 해고와 감봉이 단행되었다. 그러나 그는 낙심하지 않고 사업의 미래에 대한 낙관적인 전망을 광고하고 다녔는데, 실제로 사업은 1923년 이후 급속히 호전되었다. 1924년에 그는 회사의 이름을 IBM(International Business Machines)으로 바꾸었다. 그리고 1925년에 그는 IBM의 회장이 되었다. 이제 왓슨의 추진력은 날개를 달았다. 1920년 중반 미국경제가 활황의 시대를 맞이하였을 때 그는 기업의 사무업무를 자동화시킬 수 있는 새로운 기계를 개발해서 출시하고 싶었다. 그러나 그의 생각은 시대를 너무 앞서고 있었다. IBM의 연구개발비는 너무 많이 지출되고 있었지만 새로운 기계의 출현은 쉽게 이루어지지 않고 있었다. 그럼에도 불구하고 이 시대 IBM은 많은 특허를 창출하였는데, 경쟁자가 발을 못 붙이게 하는 수단으로서 특허권의 가치를 제대로 파악한 사람은 바로 왓슨이었다. 왓슨의 지휘하에 IBM은 최고의 연구개발과 최고의 마케팅을 지원할 수 있는 기업으로 변모되었다. 왓슨은 끝없는 성취욕을 지닌 사람이었다. 그는 언제나 거의 불가능한 목표를 좇느라 자신을 압박했다. 이와 더불어 IBM의 매출, 순이익 및 주가도 빠르게 성장하고 있었다. 그러나 동시에 왓슨은 사내에서 독재자가 되어갔고 회사의 조직은 그를 중심으로 복잡하게 구성되어서 체계가 결여되었다. 1920년대에 왓슨의 재산은 빨리 늘어나서 백만장자에 대저택과 농장의 소유자가 되었다. 그의 집안에는 운전사와 관리인 그리고 요리사까지 있었다.

그러나 그의 인생에 다시 시련이 닥쳐왔다. 그것은 1929년 10월 말에 뉴욕 월가에서 발생한 주가폭락과 이어진 대공황이었다. 왓슨을 포함한 IBM의 모든 임원이 주가폭락으로 재산을 날리고 그중에는 파산위기에 몰린 사람들도 있었다. 또한 경제 전체의 불황으로 사업전망은 어두웠다. 사무기기 시장의 경우 1930년에 판매량이 50% 감소하였고 다음 해에도 하락세는 계속되었다. 대부분의 기업이 노동자를 해고하고 투자와 신제품개발 계획을 백지화시키고 있었지만, 이와 다르게 왓슨은 감원을 하지 않고 나아가 연구개발투자를 늘려서 시장성 있는 신제품을 개발하라고 지시를 내렸다. 그는 중역회의 때마다 자신감과 낙관을 강조하였다. 실제로 IBM은 1933년에 대규모 연구소를 완공하였다. 그리고 결과적으로 1930년대를 거치면서 IBM은 새로운 기술과 신제품들을 쏟아내면서 경쟁사들을 멀리 따돌렸다. 그러나 연구개발 및 생산과 관련한 왓슨의 도박은 몇 년 지나지 않아서 위기를 맞게 되었다. 그것은 은행에서 사용할 수 있는 덩치가 크고 비싼 사무처리 기계를 출시했지만 당시 상황에서 몇 개의 대형은행을 제외하고는 다른 은행들은 사용할 엄두를 내지 못하였다. 이와 함께 회사의 자금사정이 악화되었다.

1935년 이후 IBM은 혁신적인 제품에 대한 새로운 시장을 끊임없이 개척하여 성공 가도를 달릴 수 있었다. 특히 1935년에 뉴딜정책과 함께 시작된 사회보장법의 시행으로 정부와 기업 모두에서 엄청난 정보처리가 요구되었고 이때 IBM은 뉴딜정책의 회계부문 사업 담당업체로 선정되었다. 이후 IBM은 그동안의 재정압박에서 해방되면서 급성장을 거듭했다. 매년 엄청난 성장률을 보이면서 1980년대에 이르러서는 데이터산업을 완전히 장악했다. 사회보험법의 시행은 아무도 예상 못했던 일이었다. 이런 의미에서 왓슨은 행운아였다. 그러나 잊지 말아야 할 것이 있다.

기회는 오직 준비된 자에게만 오는 법이다.

왓슨은 점점 더 부자가 되어갔다. 1930년대 중반 이후 매년 그의 수입은 미국에서 상위 10위권에 머물렀다. 그가 받는 엄청난 연봉은 사람들 사이에서 화제의 대상이 되었다. 그러나 그의 뛰어난 사업수완과 추진력, 미래를 보는 선견지명 그리고 열정과 성실성이 그의 소득을 정당화시켰다.

노년기에 들어서 왓슨은 이른바 전자계산기 사업에 뛰어들었다. 1946년 9월 뉴욕에서 열린 전국기업박람회에서 IBM은 IBM603이라 불리는 전자계산기를 선보였는데, 이 제품은 최초로 공장에서 생산된 전자계산기였다. 이후 왓슨의 아들 주니어 왓슨이 강력히 추진한 결과 IBM은 전자컴퓨터 분야에서 도약하게 되었다. 1956년 왓슨은 82세의 나이로 가족들이 지켜보는 가운데 숨을 거두었다.[19]

---

19) 케빈 매이니, 『내 인생에 타협은 없다』, 21세기북스.

V.

조화로 가는 정치

  인류의 역사를 돌아보면 혼란의 시대와 안정된 시대가 반복적으로 오고 가고 하는 모습으로 나타난다. 또 다른 각도에서 보면 전쟁의 시대와 평화의 시대로 구분될 수 있다. 이러한 시각들을 통합하여 새로운 시각에서 바라보면 조화와 부조화라는 모습으로 재편할 수가 있다. 인류의 역사에는 조화의 시대가 있고 또한 부조화의 시대가 있다. 조화의 시대에는 다양한 사상, 계층, 문화가 서로 어울려 균형을 이루는 시기로서, 문화가 융성하고 경제적으로 번영하며 인류가 발전한다. 반면 부조화의 시대는 독선과 전횡이 판치는 시기로서, 문화가 침체하고 경제적으로 쇠락하며 인륜이 무너진다. 부조화의 시대는 일반적으로 아주 오래 지속되지는 않는다. 그것은 부조화를 조화로 이끄는 힘이 세상에 존재하기 때문이다. 부조화의 시대를 끝내고 조화의 시대를 여는 일은 때때로 위대한 인물들에 의해서 이루어지는 것처럼 보인다. 그래서 난세에는 세상 사람들이 영웅의 출현을 기대한다. 그러나 사실은 시대적 소명이 어느 인물을 통해 표현되는 것이다. 이런 의미에서 "시대가 영웅을 만든다"는 말이 나온 것이 아닐까?

1. 유방의 조화정치

전국시대를 통일하고 최초의 중국황제가 된 진시황 영정의 정치는 그야말로 조화를 잃어버린 독선 그 자체였다. 그는 춘추전국시대에 발달한 제자백가의 다양한 사상을 무시하고 법가사상만을 통치이념으로 내세워 다른 사상을 통제하고 박해하였다. 그 대표적인 사례가 유교서적을 불태우고 유학자들을 땅에 묻어버린 이른바 "분서갱유" 이다. 그는 사상적 자유와 조화를 무시했을 뿐만 아니라 중국 전역이 이전에 오랜 세월 동안 제후국으로 나누어져서 지역적 특성에 맞는 다양한 정치가 이루어져 왔었던 전통을 무시하고, 이른바 "군현제"를 통하여 전국을 중앙집권화시키고 획일화된 통치를 시작하였다. 그리고 만리장성, 아방궁, 여산의 무덤 공사 같은 대규모 토목공사장에 백성들을 강제로 동원하여 원성을 샀다. 결국 그의 독선적 정치는 불행을 자초하여 그의 사후 진제국은 무너지고 천하는 다시 분열되었다. 진시황이 사망하고 사실상 진제국의 최고 권력자가 된 간신 조고의 전횡이 천하를 어지럽힐 때 진제국의 독선과 폭압으로 신음했던 백성들이 중국 전역에서 반란을 일으켰다. 그리고 10년에 거친 내전을 종식하고 천하를 통일한 사람은 바로 한고조 유방이었다. 진시황의 사망에서부터 시작하여 유방의 천하통일에 이르는 기간에 중국에서 벌어진 일들은 무너진 조화가 다시 부활하는 과정이라고 할 수 있다.

유방은 기원전 247년에 강소성 풍읍 중양리에서 중농의 자식으로 태어났다. 그는 농부의 자식으로 태어났지만 농사를 싫어하여 집안일에는 관심도 기울이지 않았다. 그렇다고 공부를 한 것도 아니고 검술을 익힌 것도 아니었다. 그저 젊은 날을 건달로 살아간 사람이다. 그런 그에게 장점이 있다면 멋진 외모를 타고났고, 넓은 마음씨로 인하여 사람들에게 인기가 있다는 것이었다. 그는 많은 사람들을 끌고 다니는 이른바 두목형의 사람이었다. 게다가 그의 전 생애를 통하여 나타나는 바대로 이른바 "인복"이 많은 사람이었다. 그는 나이가 들어서 친구의 뒷배로 정장이라는 말단관직을 얻었는데 이로 인하여 그의 인생이 180도 바뀌어버리게 된다. 사연인즉슨 유방이 진시황릉 공사장에 징발된 인부를 인솔하라는 명을 받고 수도 함양의 여산으로 가다가 인부들이 야반도주하는 것을 묵고하는 바람에 자신이 죽을 형편에 봉착하자 인부들과 함께 늪지대로 도망가서 도적질과 구걸로 먹고살았다. 이 사건은 당시 상황에서 볼 때 전국적으로 흔해 빠진 일이었지만, 유방 개인으로서는 최초로 진제국에 대항하는 행위를 한 것이었다. 만약 그런 일이 없었다면 그는 무명의 삶을 살다가 갔을 것이다. 사실 그는 나이 들어서 얻게 된 말단관직에 내심 만족하면서 집안에서도 가장으로서의 체면을 살렸기 때문이다. 결국 그 사건은 유방이 진제국에 대항하는 반란군의 우두머리가 되는 최초의 계기를 만들어준 것이 된다. 유방이 죽기 직전에 한 말이 있다:

나는 농민의 자식으로 태어나서 세 척 검을 쥐고 천하를 얻었다. 이것이 운명이 아니면 무엇이랴?

유방은 죽기 전에 자신의 지난 생애를 돌아보며 황제가 된 것은 운명이었다고 결론을 내렸다. 하지만 그가 파악하지 못한 것이 하나 있다. 자신에게 황제의 운명이 주어진 것은 조화의 세상을 창조하라는 천명이 있었기 때문이라는 것을.

다시 돌아가서, 진시황이 죽고 그의 어리석은 아들 호해가 간신 조고의 품안에서 허수아비 황제가 되자 천하에 봉기가 발생하였다. 유방 역시 반란군이 되어 현청의 관리로 있던 친구들의 도움으로 고향 근처에 있는 현청소재지 패현을 차지하고 현령이 되어 이후 패공으로 불리게 된다.

그는 인근의 소규모 반란군 대장으로서 별다른 능력을 보이지 못하고 침체의 늪에 빠져 있다가 결국 남쪽에서 봉기하여 큰 세력을 과시하던 초나라 출신 반란군 대장 항량의 휘하로 들어간다. 그리고 항량이 죽은 후에 그의 조카 항우와 함께 반란군을 이끌게 된다.

진제국이 무너진 뒤에 유방과 항우는 천하의 패권을 놓고 오랜 기간 동안 자웅을 겨루었다. 중국역사에서 『삼국지』와 함께 가장 인기 있는 이야기인 『초한지』의 소재가 된 전쟁이 바로 이것이다. 그리고 길고 긴 초한전쟁에서 유방이 결국 승리한 사건은 중국역사상 가장 이해할 수 없는 사건으로 평가되고 있다. 그것은 그토록 강하던 항우의 초나라 군대가 자신과는 상대가 되지 않는 허약한 유방의 한나라 군대에 백전백승하다가 마지막 한 번 패전으로 인하여 허망하게 무너졌기 때문이다. 결국 역사학자들은 항우와 유방이라는 두 지도자의 성격을 비교함으로써 전쟁의 승패가 결국은 지휘관의 인품에서 결정된다는 주장을 하고 있다. 항우는 용맹하고 전투를 잘했지만 감정적이고, 인색하고, 잔인하고, 편애를 하는 인물로서 기본적으로 덕이 부족하여 그의 주위에 있던 유능한 참모들이 대부분 그의 곁을 떠나게 된다. 반면에 유방은 용맹하지도 않고 전투를 잘 못하는 사람이지만 천부적으로 조화의 덕을 갖춘 사람이었다. 그는 사상적인 독선이라고는 거의 없었으며(사실 그는 사상을 말할 만큼 지식이 없었다), 매우

다양한 사람들을 자신의 참모로 기용하여 편견 없이 그들을 활용하
였다. 그의 참모 중에는 유학을 신봉하는 사람도 있었고 노장을 따르
는 사람들도 있었다. 하지만 유방의 막사에서 그들은 사상과 상관없
이 평등하게 대접받았고 이로 인하여 훌륭한 조화를 이루었다. 또한
그의 부하들은 다양한 계층 출신이었다. 예를 들면 귀족 출신 지식인
장량, 떠돌이 무사 한신, 개장사 출신 번쾌, 하급관리 출신 소하 그리
고 유세객도 있었다. 그들은 매우 다르고 다양한 재능을 가진 사람들
로서 모두 유방의 진영에서 전략가, 유세가, 군사전문가, 외교전문가,
보급전문가로서 나름대로의 재능을 뽐내며 조화를 이루었다. 결국 유
방이야말로 조화가 이루어지는 공간을 제공한 사람이라고 할 수 있
는데, 역사가들은 유방의 이런 능력이 그가 가진 유일한 능력이었다
고 평가한다. 하지만 유방의 이런 능력이 군사적으로 볼 때 항우에
비해 상대적으로 열세에 놓여 있던 그를 끝내 최후의 승자로 만든 비
결이라고 할 수 있다.

그러나 이러한 역사의 아이러니는 다른 각도에서 설명할 수도 있
다. 그것은 진시황의 조화를 무시한 독단적 정치의 반작용으로서 조
화, 균형 그리고 포용의 시대로 돌아가려고 하는 세상의 순리가 자용
했다고 할 수 있다. 그리하여 항우와의 전쟁 기간 동안 위급한 순간
마다 천하의 인심이 유방을 도와서 생각지도 못했던 행운과 기회가
유방에게 찾아왔다.[20]

초한 전쟁을 승리로 끝낸 유방은 중국의 황제가 되어 새로운 시대
를 열게 된다. 그는 진시황시대의 과도한 중앙집권화를 교정하여 부

---

20) 렁천진, 『지전』, 김영사.

분적으로 지방분권을 허락하는 유연한 통치체제를 만들고, 백성들을 과도한 부역으로부터 해방시키고 다양한 사상이 공존할 수 있도록 하였다. 한 왕조시대에 인도로부터 불교가 중국에 전파되어 유교, 도교와 함께 불교는 중국인의 정신적 토양으로서 중요한 역할을 하였고 중국의 문화적 기반을 보다 풍요롭게 만들었다. 진시황시대부터 한고조 유방의 시대에 이르는 시기는 황제의 과도한 독재와 독선으로 인하여 잃어버린 사회적 조화가 다시 회생되는 과정을 보여준다.

2. 아우구스투스의 조화정치

카르타고와의 포에니전쟁(BC 3세기)에서 승리한 후에 급속히 대제국으로 부상한 로마는 갑자기 증가한 국력의 이면에 사회적으로 조화를 잃어가면서 모순투성이의 사회로 변해가고 있었다. 시칠리아, 사르데냐, 스페인 그리고 아프리카에서 노예들의 무임노동으로 생산된 밀이 저렴한 가격으로 로마에 공급되자, 중소규모의 토지 소유자들인 농민들이 카르타고와의 전쟁에서 용감히 싸워 조국에 승리를 안겨주는 데에 결정적인 역할을 수행하였음에도 불구하고 자신들은 몰락하게 되었다. 중소규모의 농민들은 값싼 밀과의 가격경쟁에서 패배하여 그들의 토지를 저렴한 가격에 팔게 되었고 이러한 토지들은 결국 대농장으로 흡수되었다. 대농장을 소유한 귀족들과 그들을 대신해 농장을 관리한 관리인들은 농지의 지력과 노예들의 노동력을 최대로 착취하여 최대의 이익을 얻으려고 하였고, 이 과정에서 몰락한 중소 자영농은 직업을 잃고 실업자로 전락하였으며, 동시에 로마경제는 전쟁을 통한 대외적인 약탈과 노예노동에 더욱 의존하게 되었다.

도시들의 경우에도 노예들이 수공업 상점과 사무실 그리고 공장 등의 거의 모든 노동을 점유하자 평민들은 일자리를 잃고 실업자로 전락하게 되었다. 반면에 귀족층의 사치와 향락은 극으로 치닫고 있었다.

번영하는 귀족사회와 몰락하는 평민사회는 로마가 당면한 최대의 모순이었고 또한 조화를 잃어가는 사회의 전형이었다.

귀족 출신 호민관인 티베리우스 그라쿠스는 로마사회가 봉착한 모순과 부조화로 인하여 로마사회의 건전한 공화정치가 위기에 처했다는 것을 깨닫고 "농지개혁안"을 통하여 평민들에게 토지를 재분배하려고 하였다. 그러나 원로원을 중심으로 하는 로마귀족들은 티베리우스 그라쿠스의 개혁에 극렬히 반대하였다. 결국 티베리우스와 원로원의 대립은 목숨을 건 싸움으로 비화되었고 티베리우스는 원로원 의원들에게 암살당하여 그의 시신은 테베 강에 버려졌다.

그러나 티베리우스가 죽은 지 9년이 지나도록 원로원은 농민들의 반발과 그로 인한 반란의 위험성 때문에 티베리우스의 농지법안을 감히 폐지할 용기를 내지 못하고 있었다. 따라서 티베리우스의 농지법안은 수많은 역경에도 불구하고 어느 정도의 결실을 보고 있었다. 이로 인하여 농업호적부에는 8만 명의 새로운 농민들의 명단이 기록되었으며 모두 농지법에 따라 정해진 규모의 토지를 보유하게 되었다.

그러나 농지법안에 따라 자신들의 토지가 감소되거나 몰수되는 것에 대한 전통귀족들의 반발은 계속되었다.

티베리우스 그라쿠스의 동생인 가이우스가 정치의 전면에 출현한 것은 바로 이런 시절이었다. 티베리우스가 죽은 후 9년이 지나서 가이우스는 호민관으로 선출되었다. 가이우스는 그의 형 티베리우스와 비교할 때 훨씬 현실적이었고 지적이었으며 또한 강직하였다. 몰락한 집안에서 고통스러운 성장기를 거치면서 신중성을 갖춘 그는 조심스럽게 티베리우스의 농지법안을 실행에 옮기려고 노력하였다. 이와 동시에 이탈리아 남부와 아프리카에서 새로운 농업식민지들을 조직하였으며, 정부의 자금지원으로 농업장비를 제공하여 전직군인들에게 나누어준다는 계획을 발표하여 그들의 지지를 획득하였다. 또한 시장가격의 절반수준에 해당하는 가격으로 밀의 가격을 동결하는 물가안정책을 마련하였다. 이들 정책들은 가이우스의 정치적 기반을 탄탄하게 만들었고, 이로 인하여 호민관에 재선되었다. 그러나 이후 그는 몇몇 정략적 실수를 저지르게 되고 이 틈을 노려온 원로원은 그를 제거하기 위한 작업에 착수한다. 가이우스는 세 번째로 호민관에 출마하였으나 낙선하였고 은둔생활에 들어갔다. 그러나 원로원 의원들은 그에 대한 살인의도를 노골적으로 드러내었다. 가이우스는 어느 날 자신에게 가해진 테러로부터 벗어나기 위하여 테베 강으로 뛰어들었다. 그리고 무사히 강을 건너 반대편 강둑에 도달하였지만 적들에게 완전히 포위당하였다. 그는 자신의 최후가 다가왔음을 느끼고 자신의 노예에게 자신을 죽이도록 명령하였다. 가이우스 그라쿠스와 그의 지지자들이 살해당한 후에 원로원은 농지개혁안을 철회하였다. 결국 소토지소유자들은 강제로 토지를 매각하고 다시 실업자로 전락하였다. 그리고 대농장주들은 이전처럼 자신들의 토지소유를 확대하면서 노예노동에 기반을 둔 경영을 하였다.

그라쿠스 형제의 개혁이 실패한 후 로마는 오랜 세월 동안 혼란과 내전을 겪으면서 군인들이 정치하는 시대로 이행하였다. 그 사이 마리우스, 술라, 시저 같은 전쟁영웅들이 권력을 장악하였지만 폭력을 사용한 권력투쟁과 잔혹한 살상 및 내전이 끝없이 발생하였고, 사회의 모순은 해결되지 않아서 로마사회의 혼란은 점차 심해졌다. 이미 기강이 무너진 사회에서 부정부패가 판을 쳤다. 당시의 사회는 모든 것이 돈으로 해결되는 상황이었다. 관직을 매매하는 것은 일상적인 관례였으며, 선거에서 당선되기 위해서는 금품을 제공해야 하였고 재판에서의 승패는 살포하는 금품의 양에 의해서 결정되었다. 돈으로 관직을 얻은 자들은 관직을 이용하여 축재할 수 있었는데, 이는 관직을 얻기 위하여 사용한 돈의 몇 배가 되었기 때문에 돈으로 관직을 사는 것은 매우 수익성이 있는 투자였다. 금융업자들은 관직을 구매하려는 이들에게 50%의 높은 금리를 대가로 필요한 자금을 대부해주었는데, 이는 당시 로마에서 인기 있는 사업이었다. 이와 같이 부패한 상류층은 사치스럽고 비정상적인 생활을 추구하였으며, 로마는 점점 이들의 활동을 보장하기 위해서 제국 전체가 돈을 착취하는 사악한 가구로 전락하고 있었다.

귀족들의 지나친 이기심에 저항하는 민중의 반항은 이후 정치세력화를 거쳐서 급진적인 개혁의 흐름을 보이게 된다. 이러한 움직임은 끝내 민중세력의 충실한 대변자였던 시저(카이사르)를 민중의 우상으로 자리 잡게 하였다. 집정관에 당선된 시저는 과거 그라쿠스 형제가 실시하려다가 목숨을 잃은 개혁들을 추진하였다. 시저는 당시 민중에게 유리한 정치적 상황이 전개되고 있는 것을 이용하여 그라쿠스 형제의 개혁안과 그 내용이 상당히 일치하는 경제적·사회적 개혁들을 큰 어려움 없이 수행할 수 있었다.

하지만 이로 인하여 시저는 원로원의 증오의 대상이며 동시에 제거대상이 되었다. 로마원로원과 귀족들이 끈질기게 시저를 제거할 음모를 추진하였고 이에 대항하여 시저는 갈리아군대를 이끌고 로마와 전쟁을 하게 된다. 갈리아로부터 로마로 진격한 시저의 군대를 로마의 민중들은 열렬히 환영하였다. 로마에 입성한 시저는 권력을 장악하게 되고 이태리반도 밖에 있는 반대세력들의 군대와 일전을 치러서 결국 그들 모두를 격퇴하게 된다. 종신 독재관이 되어 모든 권력을 장악한 시저는 개혁을 추진하지만 귀족들은 개혁에 반대하면서 시저를 제거할 음모를 계획한다. 역사에 길이 남은 그 음모는 원로원이 시저를 암살한 사건이다.

시저 사후에 시저의 양아들이고 상속자인 옥타비아누스가 역사의 전면에 출현하게 되는데 그가 바로 로마의 위대한 초대황제 아우구스투스이다. 옥타비아누스는 영리하고 성실하고 신중한 성품을 타고 났으나 "움직이는 종합병원"으로서 몸이 약하여 온갖 질병으로 고통을 겪는 사람이었다. 하지만 그는 불굴의 의지와 정신력을 발휘하여 신체적 장애와 고통을 극복하는 사람이었다. 어릴 때부터 시저의 극진한 사랑을 받으며 성장한 그는 시저가 죽었을 때 겨우 18세의 소년이었지만 정신적 강인함과 현명함으로 인하여 시저 사후의 혼란을 극복하였고 시저의 살해범 및 그 동조자들을 처벌하였다. 시저의 개혁에 반대하였던 귀족들은 대부분 처형되거나 자살하고 군사적으로 저항하였던 브루투스와 롱기누스가 옥타비아누스와 안토니우스의 연합군대에 패배 후 자살하였다. 이로써 로마에는 일시적인 평화가 찾아왔다. 그러나 제국은 옥타비아누스, 안토니우스 및 레피두스에 의하여 분할되고 말았다. 옥타비아누스는 제국의 유럽부분을, 안토니우스는 이집트, 그리스 및 중동지역을 그리고 레피두스는 아프리카지역을 차지하게 되었다.

이들 삼인의 공존은 원래 오래갈 성격이 아니었고 머지않아 로마제국 전체의 패권을 겨루는 전쟁이 불가피하였다. 이 과정에서 안토니우스는 이집트의 여왕 클레오파트라와 애정을 매개로한 정략적 결탁을 하게 되었다.

안토니우스는 원로원에 서한을 보내서 옥타비아누스와 레피두스가 모든 권력과 무기를 포기하고 공화정을 재건시킨 후에 공직에서 물러날 것을 제안하였다. 이에 대한 대응으로서 옥타비아누스는 안토니우스가 자신과 클레오파트라 사이에서 출생한 자식들을 자신의 상속인으로 지명하고 아이들의 친모인 클레오파트라를 섭정에 임명한다고 기록한 안토니우스의 유언장을 공개하였다. 이로 인하여 로마인들의 마음속에서 안토니우스는 외국여자에게 빠져서 조국을 배반한 반역자로 전락하게 되었다. 이를 이용하여 옥타비아누스는 안토니우스와 클레오파트라에게 전쟁을 선포하였다. 전쟁은 바다에서 시작되었는데, 양측의 군대는 그리스의 악티움에서 크게 충돌하였다. 이 전투의 승리는 아그리파가 지휘하는 옥타비아누스 군대에게 돌아갔고, 시간이 지날수록 전황은 옥타비아누스에게 유리하게 전개되었다. 드디어 옥타비아누스는 적의 심장부인 이집트의 알렉산드리아를 향해 진격했고, 안토니우스와 클레오파트라는 자살하였다

옥타비아누스는 31세의 나이에 로마의 절대적 권력자가 되었고, 그의 권력 앞에서 원로원은 더 이상 아무런 저항도 할 수 없었다. 그러나 옥타비아누스는 왕의 칭호를 원하지 않았다. 조심성이 많고 신중한 그로서는 왕이라는 칭호로 인하여 발생할 수 있는 국민들의 적대감을 두려워하였다. 대신에 옥타비아누스는 오랜 혼란과 부조화의 시대를 끝내고 로마에 조화, 질서, 안정 및 평화를 제공하였다. 그는 군대의 규모를 줄이면서 퇴역군인들에게 토지와 정착금을 주었다. 민

중들이 정부에 진 부채를 무효화하였고 대규모 공공사업을 벌여서 실업자들에게 일자리를 제공하였다.

그는 시저의 뜻을 받들어 사회 전체를 재편성하는 대개혁에 착수하였다. 개혁을 추진하는 실무자들을 대부분 자본가 계층 출신으로 하고, 권력에서 제외된 귀족들의 불만을 달래기 위하여 원로원 의원들로서 자신의 자문위원회를 구성하였다. 그리고 원로원은 옥타비아누스에게 "아우구스투스"라는 칭호를 부여하였다.[21)]

3. 정관의 치

당태종 이세민은 조화와 번영의 시대를 연 중국 최고의 황제로 평가되고 있으며, 그의 치세는 흔히 "정관의 치"라고 칭송되고 있다. 또한 그의 시대에 기반을 잡은 당왕조는 역대 중국 왕조 중에서 문물이 가장 발달하여 중국역사에서 문화적·경제적 전성시대를 이루었다. 전 세계에서 온갖 문물이 몰려들어와 당제국이라고 하는 용광로 속으로 빨려 들어갔으며, 융화된 문화는 다시 세계로 퍼져 나갔다. 당시 세계에서 가장 큰 도시였던 당나라 수도 장안의 문물은 세계적인 문명임을 보여주었다.

장안은 다양한 문명에 대한 경경한 숭배자였다. 장안은 단순히 자신이 다른 문명에 대해 관용을 베푼다고 생각하지 않았다. 오히려 다른 문명이 떠나면 자신 또한 존재할 수 없다는 것을 잘 알고 있었다.

---

21) 안드로 몬타넬리, 『로마제국사』, 까치.

무엇보다 다른 문명이 떠나면 장안 자체가 무미건조하고 경색되어 크게 위축될 것임을 잘 알고 있었다. 장안은 진심으로 다른 문명을 감상하고 추종했다. 장안은 자신감으로 가득 찼다. 그래서 외래문명에 의해 자신이 묻혀버릴 것이라는 걱정은 하지 않았다. …… 유교든 도교든 아니면 불교든, 당나라 사람들은 스스로 어떤 것이든 자유롭게 선택할 수 있었다.[22]

이러한 조화와 번영의 시대를 위한 초석을 다진 이세민의 치적은 위진남북조 난세와 이어진 수양제시대의 부조화를 청산하고 새로운 시대를 여는 계기를 만들어주었다.

남북조시대의 말기에 북주의 외척이었던 양견이 권력을 찬탈하여 수왕조를 세웠고, 이어서 수왕조는 중국을 통일하여 양견은 수문제라 불리는 황제가 되었다. 수문제는 정력적으로 국정을 처리하여 나라를 부강하게 만들었으며, 또한 근면 검소한 사람이었다. 그러나 통치의 후반기에 들어서는 남을 의심하고 시기하며 정치를 독단적으로 하였다. 또한 아첨하는 주변 사람들의 말에 혹하여 현자들을 내치는 경우가 허다하였다. 대표적인 사례로서 수문제는 원래 자신의 장자였던 양용을 황태자로 삼았다가 주변의 모함과 질시에 현혹되어 양용을 황태자의 자리에서 폐위시키고 둘째 아들 양광을 후계자로 삼았다. 게다가 그는 절약할 줄만 알았지 쓸 줄을 몰랐다. 예를 들면 흉년을 맞아 백성들이 굶어죽고 있는데도 창고에 식량을 가득 쌓아놓고는 백성들을 구율하지 않았다. 쌓아놓는 것만을 좋아하는 전형적인 노랑

이 영감이었다. 수문제는 64세로 세상을 뜨고 그의 아들 양광이 황제로 즉위하게 되는데, 그가 바로 수양제이다. 아버지와 달리 현시욕이 강하고 낭비벽이 있는 전형적인 재벌 2세 양광은 황제가 되자마자 인력과 물자를 쏟아 부어 대규모 토목공사를 마구 벌였다. 예를 들면 즉위 원년에 동도 낙양을 건설하기 시작하여 백성 200만 명을 열 달에 거쳐서 공사장에 투입하였다. 가혹한 공사 감독으로 인하여 투입된 백성 중 거의 절반이 죽었다고 알려졌다. 즉위 원년에 시작하여 6년간 강행된 대운하건설에는 백성 550만 명이 동원되었다. 또한 장안에서 강도에 이르는 주변에 40여 개의 이궁을 지었다. 그 밖에도 만리장성을 다시 축조하였다. 이와 같은 공사가 계속되는 과정에서 백성들의 고초는 이루 말할 수 없었다. 많은 사람들이 부역을 피하기 위해서 손이나 발을 잘랐다고 전해지고 있다.

반면에 수양제는 호화로움과 권세를 과시하면서 수많은 후궁과 문무백관을 거느리고 이곳저곳을 떠돌아다녔다. 마치 오래전에 죽은 진시황 양정이 무덤에서 일어나 걸어 나온 것 같았다. 수양제가 탄 어마어마하게 큰 배를 중심으로 크고 작은 배 수천 척이 장강을 떠다녔는데, 배를 끄는 인부가 대략 8만 명에 이르렀다. 배가 지나가는 500리 이내 지역의 주·현에는 음식을 올리라는 명령이 하달되었는데, 한 주에서 대략 100개의 수레로 먹을 것을 실어 날랐다. 그 모든 음식이 산해진미였지만, 수양제의 일행은 먹다 남은 엄청난 양의 음식들을 몽땅 땅에 묻었다. 황제 일행이 육로로 이동할 때는 말이 10만 필가량 동원되었는데, 그들을 위하여 골육을 다 바쳐야 하는 인근지역 백성들의 고통은 이루 말로 다 표현할 수 없었다.[23]

게다가 수양제는 결과적으로 자신의 정권을 몰락시키는 결정적인 계기가 되는 일을 저지르게 된다. 그것은 바로 고구려 정벌이었다. 일찍이 그의 아버지 수문제가 고구려에 쳐들어갔다가 패배한 적이 있듯이 고구려는 결코 만만히 볼 수 없는 상대였다. 그러나 기고만장한 수양제는 고구려가 수나라에 입조하지 않는 것을 불쾌하게 여기고 고구려 정벌을 결심하였다. 전쟁준비에 광분한 그는 다시 어마어마한 인력과 물자를 징발하였다.

AD 612년에 드디어 수양제는 고구려 정벌을 전군에 명령하였다. 동원된 병사가 113만 명, 비전투인원이 대략 200만 명으로서 총 300만 명이 동원되었다. 중국역사에서 일찍이 볼 수 없었던 규모였다. 그러나 엄청난 인력과 물자가 투입되었음에도 불구하고 전쟁에서 대패하였다. 그 유명한 을지문덕장군의 살수대첩으로 인하여 처음 요하를 건너 고구려 영토로 들어간 수나라 병력 30만 명 중에서 살아 돌아온 자가 불과 2,700명이었다. 숫자놀음을 해보면 1812년 유럽에서 있었던 나폴레옹의 러시아 정벌에서 프랑스의 패배보다 더욱 처참하였다 ― 나폴레옹은 1812년 약 60만 명의 대군으로 러시아를 침공했는데 패전으로 인하여 약 5만 명이 살아서 돌아왔다 ―.[24] 그러나 수양제는 포기하지 않고 1년 뒤에 다시 한 번 대군을 이끌고 요하를 건너 고구려를 침범하였다. 수양제가 요동성에서 고구려 군대와 치열한 접전을 벌이는 중에 수나라 국내에서 양현감이 주도하는 반란이 발생하였다. 사태의 심각성을 느낀 수양제는 고구려 정벌을 포기하고 철군하였다. 양현감의 반란군은 고구려에서 철군한 수나라 군대에 패하여 무너졌다. 간신히 위기를 모면한 수양제는 다시 이전으로 돌아가고 싶어했

---

23) 황충호, 『제왕 중의 제왕 당태종 이세민』, 아이필드.
24) 리처드 홈즈, 『나폴레옹의 영광』, 청아출판사.

다. 그는 반란군에게 파괴된 수천 척의 배를 다시 건조하여 장강을 타고 순유하기를 원했다. 고구려와의 전쟁 및 양현감의 반란으로 인하여 국고는 비었고 백성들의 삶은 피폐했지만 그는 전혀 개의치 않았다. 수양제는 새로 건조된 배를 타고 강도로 떠났는데, 그 길은 영원히 돌아오지 못할 길이 되었다.

전국적으로 반란의 불길이 피어올랐다. 많은 반란세력 중에서 가장 먼저 두각을 보인 사람은 이밀이었다. 그는 원래 양현감의 반란에 참가했지만 중도에 양현감과 헤어져서 별도의 길을 간 바람에 살아남았고, 그 후 적양이라는 다른 반란군 우두머리와 의기투합하여 세력을 키웠다.

이밀은 스스로 위공이라고 칭하며 사실상 새로운 정권을 수립하면서 드디어 천하에 대한 야심을 드러내었다. 그가 이끄는 병력은 수십만으로 불어났고 그는 하남지방의 대부분을 지배하였다.

또 다른 중요한 반란 세력으로서 두건덕을 들 수 있는데, 그는 10만 명이 넘는 병력을 거느리고 하북지방의 최강자로 군림하고 있었다.

그러나 여기서 잊지 말아야 할 것이 있다:

진정한 승자는 항상 늦게 출현하는 법이다.

이제 진정한 승자의 이야기를 할 때가 온 것 같다. 이세민은 AD 598년 위수 북안의 무공에서 태어났다. 이연(훗날의 당고조)과 선비족 귀족 출신의 여인 사이에서 두 번째 아들이었다. 그의 부친 이연은 AD 566년에 장안에서 태어났는데, 그의 가문은 대대로 무장이었고 선비족과 한족 사이의 혼혈 혈통을 갖고 있었다. 수양제 양광과 이연은 이종사촌지간이다. 이세민은 무장의 집안에서 태어났기 때문에 어려서부터 말 타기, 활쏘기 및 병서공부를 하면서 성장하였다. 이연이 수왕조시대에 지방관을 두루 역임했기 때문에 이세민은 그의 부친을 따라 여러 지역을 볼 수 있는 기회를 가졌고 하층민들의 고달픈 삶을 직접 눈으로 보고 피부로 느낄 수 있었다. 그는 16세 되던 해에 선비족 귀족 출신의 여자와 결혼하였다. 그러고는 군대에 들어가 많은 경험을 쌓으며 능력을 드러내었다. 수양제의 실정으로 인하여 천하가 혼란에 빠진 시절에 지방의 유수로 부임한 이연은 반란군을 진압하는 임무를 수행하고 있었다. 명석한 두뇌를 갖고 있던 그는 세상의 변화를 예리하게 파악하고 있었는데, 그가 내린 결론은 수왕조의 종말이 가까워졌다는 것이었다. 원래 신중한 성품인 이연이 반란을 일으킬 결심을 하지 못하고 있을 때, 이세민이 적극적으로 설득하여 결국 두 부자는 "천하를 안정시키겠노라"는 기치를 내걸고 이연의 부임지인 태원에서 반란을 일으켰다. 거병 이후 이세민은 자신들에게 저항하는 세력들과의 많은 전투를 승리로 장식하면서 자신의 명성을 높였고, 동시에 백성들의 민심을 얻기 위하여 최선을 다했다.

이연, 이세민 그리고 이세민의 형 이건성 부자는 장안이 있는 관중으로 진격하였는데, 인근의 여러 군·현이 속속 투항해왔다. 장안을 점령한 이연 부자는 백성들의 피해를 최소화하고, 군기를 엄히 하였으며, 수나라의 악법을 폐지하여 민심을 얻었다. 이연은 강도에 있는 수양제를 태상왕으로 추대하고, 수양제의 손자인 13세 소년 양유를 새로운 황제로 추대하면서, 자신은 대승상에 취임하고 당왕의 호를 갖게 되었다. 그러나 모든 권력은 승상부에 귀속시켜서 이연 자신이 사실상의 통치자가 되었으니 참으로 용의주도하고 조심스러운 행보였다고 할 수 있다.

수양제 양광은 강도에 머물면서 주색잡기로 세월을 보내다가 AD 618년 50세의 나이에 그가 총애했던 측근들의 반란으로 인하여 살해당했다. 수양제를 죽인 반란군들은 수나라를 창건한 양씨 일족을 거의 남김없이 도륙하였으니, 북주정권을 찬탈하고 후환을 없애기 위해 북주의 왕족을 모두 살해한 수문제 양견의 죄 값을 치렀다고 할 수 있었다. 수양제의 죽음과 함께 수나라도 공식적으로 사라져버렸고, 천하는 여러 반란세력이 할거하는 시대로 접어들었다. 우선 장안에서는 이연이 황제로 내세운 양유가 이연에게 공식적으로 양위하여, 이로서 공식적으로 당왕조가 시작되었다. 이연이 황제가 되었기 때문에 그의 장자 이건성은 황태자로 책봉이 되었고 이세민은 진황, 이세민의 동생 이원길은 제왕에 봉해졌다.

하지만 당시 당나라는 장안 일대만을 통치하는 세력에 불과하였고, 따라서 왕조창업과 함께 통일전쟁이 불가피하게 되었다. 이 과정에서 이세민은 동분서주하면서 다른 세력들을 제압하여 그의 능력을 과시하고 명성을 크게 얻었다. 결과적으로 당나라의 천하통일 대업은 이세민에 의해서 이루어졌다고 해도 과언이 아니다. 예를 들면 AD 624년에 천하통일이 이루어질 때까지 벌어진 6번의 중요한 전쟁에서 4번은 이세민이 지휘하여 승리로 이끌었다. 당나라가 천하통일을 이루고 명실상부한 제국이 되자마자 황태자 이건성과 거병을 주도한 이세민 형제 사이에서 후계자 다툼이 발생하였다. 이건성이 굳이 무능했다고 볼 수는 없지만, 능력으로 보거나 또는 당왕조 창업 과정에서의 공로로 볼 때 이세민이 우위에 놓인 것이 사실이었다. 황태자의 위치에 있는 이건성도 그런 면을 충분히 인식하고 있었고 따라서 동생 이세민을 적극적으로 견제하기 시작하였다. 결국 형제간의 골육상쟁을 피할 수 없는 상황이었다.

이세민의 세력이 날로 커지는 데 비하여 이건성의 입지는 날로 줄어들었다. 이건성의 입장에서는 이러한 상황을 타파하기 위해서 모종의 결단을 내려야 했다. 이건성은 두 번째 동생인 제왕 이원길과 결탁하여 세력을 키웠다. 그러나 이세민이 형제를 제거하기 위해 먼저 칼을 뺐다. 그는 자신에게 충성하는 열 명의 장수들에게 궁성의 북쪽 정문인 현무문에 군사를 매복하게 하고, 고조 이연이 아들들을 궁궐로 부르도록 일을 꾸민 다음에, 궁성으로 들어서는 이건성과 이원길을 살해하였다. 이 사건이 그 유명한 "현무문의 변"이다. 이세민은 겁먹은 고조 이연을 연금시키고 권력을 장악하였다. 또한 대신들 역시 대세가 결정된 것으로 보고 이세민의 뜻에 따랐다. 현무문의 변이 끝나고 3일이 지난 후에 고조 이연은 조서를 내려서 이세민을 황태자로 책봉하고 모든 정무를 맡겼다. 그리고 다시 두 달 뒤에 이세민은 고조로부터 양위를 받아 29살의 나이에 당나라 2대 황제에 취임하여 당 태종이 되었다.

이제 그의 치세가 시작되었다. 그는 집권 후 진취적이고 개혁적인 인물을 요직에 배치하였다. 특히 그는 출신에 구애받지 않고 인재를 발굴하여 기용하였다. 이세민은 거병 이전부터 시작해서 황제가 된 이후에도 어떤 사람이 인재라는 확신이 들면 그 사람의 신분과 과거를 묻지 않고 자기 사람으로 만들었다. 그리고 자신이 발탁한 인재를 믿고 일을 맡겼으며 끝까지 그들의 지위와 목숨을 지켜주었다.

또한 중앙과 지방의 행정기구와 관원을 감축하고 소수의 능력 있는 사람을 써서 행정의 효율성을 높이고 낭비를 줄였다. 그리고 도독,

자사 및 현령 같은 지방관들이 백성을 제대로 다스리는지를 알기 위하여 지방행정을 일일이 점검하고, 지방관을 관리 감독하였다. 이세민은 수양제의 악정과 오랜 전쟁으로 인하여 백성들의 삶이 피폐해진 것을 보고, 백성들이 평안히 생업에 종사할 수 있도록 전쟁과 토목공사 등을 최대로 회피하였다. 반면에 그는 학문을 국가통치의 토대로 삼기 위하여 궁내에 홍문관을 설치하고 훌륭한 학자들을 초빙하여 그들의 강평을 듣고 정사를 토론하였다. 그 자신 역시 서책에 빠져 살았으며 독서로 밤을 지새우는 날이 많았다. 당태종은 즉위 원년에 학사와 법관에게 율령을 개정할 것을 명하여 이후 10년에 거친 작업 끝에 "당율"이라고 불리는 법률체계를 완성하였다.

또한 오랫동안 중국의 북부지방을 위협했던 돌궐족, 토욕혼, 설연타 등을 정벌하여 북방유목민의 침탈로부터 백성들의 생명과 재산을 안전하게 지킬 수 있게 되었다. 나아가 북방 유목민들이 당나라에 항복하여 중원에서 살기를 원할 경우 그들의 살길을 열어주고 한족의 문화에 동화시켰다. 당나라시대에 중국이 세계의 제국으로 위상을 갖출 수 있었던 것은 바로 당태종의 개방적인 사고 때문이었다. 그러나 그의 치세가 완전할 수만은 없었다. 그는 집권 후반기로 갈수록 과시욕과 자만이 드러나기 시작하였다. 그리고 결국 고구려 정벌에 실패하여 수양제의 전철을 밟았고, 이로 인하여 자신의 몸과 마음이 만신창이가 되어 죽음을 재촉하게 되었다. 평소에 몇몇 지병을 앓고 있던 당태종은 고구려 정벌의 실패 이후 지병이 크게 악화되어 AD 649년 52세의 나이에 세상을 떠났다.[25]

---

25) 황충호, 『제왕 중의 제왕 당태종 이세민』, 아이필드.

4. 쿠빌라이 칸의 조화정치

정복자 칭기즈 칸의 손자이면서 중국을 정복하고 몽고의 유목문화와 한족의 농경문화를 조화롭게 결합하여 새로운 통일 중국사회를 완성한 사람은 원세조 쿠빌라이 칸이라고 할 수 있다. 많은 문명평론가들이 말하듯이 중국문화의 가장 큰 특징이자 매력인 점은 한족의 농경문화와 북방의 유목문화가 적당히 융합의 과정을 거쳐서 문(文)에 대한 숭상과 화려함이 호전성·호방성과 결합되어 조화를 보이고 있다는 것이다.[26] 이로 인하여 중국문화는 다양성과 개방성을 보이게 되었다. 북방 유목민의 중원 침략은 오래전부터 늘 있었던 일이지만 유목문화와 농경문화가 거대한 용광로 속에 들어가 융화를 이루는 데 가장 큰 기여를 한 사람은 쿠빌라이 칸이라고 할 수 있다.

원래 몽고초원에는 유목민들의 집단인 여러 부족이 살고 있었는데, 춥고 건조한 이 지역의 날씨로 인하여 몽고인들의 경제생활은 매우 불확실하였고, 생필품을 얻기 위하여 특히 중국인들과의 교역에 크게 의존하였다.

이 지역 사람들의 삶에 근본적인 변화가 발생한 것은 바로 칭기즈 칸의 출현에 의해서였다. 칭기즈 칸(1162~1227)은 흩어진 몽고 부족들을 통합하여 이 지역 최초의 통일국가를 창조하였다. 군사전략의 천재였던 그는 몽고인들을 강력한 전투기계로 조직하여 막강한 군사력을 보유하게 되었다. 이러한 군사력을 토대로 그는 몽고인의 생존을 위하여 다른 지역의 정복을 시도하게 되었다. 그의 군사적 행동은

---

26) 위치우위, 『중화를 찾아서』, 미래인.

엄청난 성공을 거두었는데, 우선 탕구트족이라고 알려진 유목민이 중
국 북서부에 건설한 서하에게 조공을 바칠 것을 강요하였다. 또한 여
진족이 세운 나라이면서 북중국을 통치하고 있던 금을 공격하여 수
도 북경을 점령하였으며, 결국 금은 남쪽의 개봉으로 천도하게 되었
다. 그 밖에도 중앙아시아를 정복하는 성공을 거두었다. 정복 이외에
도 칭기즈 칸은 다른 뛰어난 면을 보였는데, 이는 정복지역의 인재와
문화를 중히 여겼다는 점이다. 즉 그는 정복지역의 종교지도자들과
좋은 관계를 유지하였고, 위구르어를 이용하여 몽고의 문자를 제정하
도록 하였으며 외국인들을 통역사, 교사, 참모, 군인 및 상인으로 중
용하였다. 이는 칭기즈 칸이 빈약한 몽고문화의 한계를 극복하면서
대제국을 통치하기 위해 필요한 문화적·상업적·정치적 기반을 필
요로 하였기 때문이다. 그의 이러한 정책은 훗날 그의 손자 쿠빌라이
칸에게 계승되었다.

　칭기즈 칸이 죽은 후 2년이란 세월이 흐른 뒤에 칭기즈 칸의 4대
직계혈통의 합의에 의하여 몽고제국의 영토가 분리되었다. 이때 칭기
즈 칸의 막내아들인 톨루이는 북중국과 몽고본토를 차지하게 되었는
데 그가 바로 쿠빌라이의 아버지이다. 이때 몽고제국 전체를 지배하
는 대칸 지위는 칭기즈 칸의 셋째 아들인 우구데이의 차지가 되었다.
우구데이는 칭기즈 칸의 팽창주의 정책을 계승하여 금나라를 멸망시
켜 북중국 전체를 수중에 넣었다. 그 밖에도 오늘날의 남만주에 있던
동하를 멸망시켰으며 고려를 침공하여 항복을 받아내었다. 또한 서쪽
에서는 그루지야와 아르메니아를 점령하고 러시아를 침공하여 싹 쓸
어버리고 폴란드와 헝가리를 침공하였다. 이러는 동안 대칸인 우구데
이가 사망하였고 몽고의 동유럽정복은 중단되었다.

쿠빌라이의 출생과 성장과정 및 대칸이 되는 과정에 대해서는 모리스 로사비의 저작 『쿠빌라이 칸』에 자세히 설명되어 있다. 1215년생인 쿠빌라이는 우구데이가 죽은 후 역사의 무대에 모습을 드러내기 시작하였다. 쿠빌라이의 아버지 톨루이는 칭기즈 칸의 후계자가 되지 못하였기 때문에 쿠빌라이는 몽고의 역사에서 부수적인 역할밖에 할 수 없을 것으로 보였지만 그의 어머니 소르칵타니 베키의 뛰어난 능력에 의해서 몽고의 대권은 톨루이 가문으로 이동하게 되었다. 비교적 일찍 죽은 톨루이의 미망인 소르칵타니는 네 아들을 훌륭하게 키웠으며 나아가 대칸을 만들려는 야심을 가지게 되었다. 특히 맏아들 뭉케와 둘째 아들 쿠빌라이에게 가장 큰 기대를 걸었는데, 결국 이 두 아들은 대칸이 되었다.

이러한 성공의 과정은 2대 대칸 우구데이의 이른 죽음으로부터 시작한다. 우구데이의 아들 구육이 다음 대칸의 자리에 올랐지만 역시 일찍 사망하고 소르칵타니의 정치적 수완에 의해서 그녀의 맏아들 뭉케가 대칸이 되었다.

뭉케도 역시 그의 선조들처럼 몽고의 영토를 확장하려고 노력하였다. 그는 우선 중동의 이슬람국가들을 평정하였고 이어서 중국에서 남송정복을 시작하였다. 쿠빌라이는 형 뭉케의 명령을 받고 남송정벌의 전초전으로서 현재의 운남지역에 위치한 대리왕국을 정벌하는 원정길에 나서게 된다.

그리고 쿠빌라이는 몽고군의 큰 손실 없이 특히 현지 주민들에 대한 학살 없이 성공적으로 정벌을 마치게 된다. 이로 인하여 쿠빌라이는 군사원정이라는 몽고의 전통적 방식으로 자신의 명성을 얻고 지도자로서의 능력을 인정받았다. 이후 쿠빌라이는 대칸인 그의 형 뭉케와 함께 남송정벌에 나섰는데, 행운의 여신이 그에게 손짓을 하는 사건이 발생했다. 그것은 중국의 서남쪽으로부터 남송을 공격하던 대칸 뭉케가 전염병 때문인지 또는 화살에 맞은 상처가 덧나서인지(역사학자들 사이에서 논란이 있다) 명확지 않은 이유로 사망한 것이다. 뭉케의 사망으로 남송정복은 흐지부지되었고 양자강 유역을 공략하고 있던 쿠빌라이는 대칸의 지위를 둘러싸고 그의 친동생 아릭부케와 권력투쟁을 시작하였다.

아릭부케는 몽고의 왕실과 귀족들 중 전통적인 몽고의 생활방식을 고집하던 보수주의자들의 지지를 획득하여 쿠빌라이의 본거지인 북중국을 공격하였다. 결국 쿠빌라이는 어쩔 수 없이 남송정복을 포기하고 아릭부케에 맞서기 위해 군대를 북상시켰다. 자신의 본거지인 북중국으로 돌아온 쿠빌라이는 자신을 추종하는 왕족과 귀족의 추대를 받아 대칸에 취임한다. 그러나 이러한 대칸 취임은 정통성에 있어서 약점을 내포하고 있었고 이후 실제로 그의 지위는 여러 차례 도전을 받게 된다. 특히 그의 동생 아릭부케는 최초의 그리고 가장 강력한 도전자였다. 아릭부케는 군사적으로 쿠빌라이에게 맞섰지만 결국 패해서 항복하였다. 그 후에도 대칸으로서 그의 지위는 여전히 도전을 받고 있었는데, 그 이유는 그가 최고급 몽고귀족들과 칸들이 참석하는 쿠릴타이(귀족회의)의 세례를 받지 못했기 때문이다.

이러한 한계는 차후 그의 치적을 통하여 서서히 극복되었다. 그의 치적 중 대표적인 것은 군사적인 것으로서 남송을 정복하고 중국을 통일한 사건이었다. 이로서 그는 몽고세계의 통치자로서 몽고의 전통적인 방법으로 능력을 입증하여 권위를 획득하였다. 양자강 남쪽 지역에 자리 잡은 남송은 경제적으로 번영하는 지역이었기 때문에 남송을 정복하고 그 지역의 부를 차지하는 것은 더욱 군침이 도는 일이었다. 그러나 남송의 정복은 쉬운 일이 아니었다. 몽고군은 남쪽의 기온과 땅(높은 기온과 숲지대)에 익숙하지 않아서, 실제로 몽고의 기병대는 수없이 많은 난관에 봉착하고는 했다. 결국 몽고군은 예전에는 거의 사용해본 적이 없는 군사기술을 선택했는데 이는 바로 해군을 이용하는 것이었다. 당시 쿠빌라이는 남송에 승리하려면 강력한 해군이 필요하다는 것을 깨닫고 전선을 전조하였으며, 남송군의 수상 보급을 막는 등 실제의 전투에서 요긴하게 사용하였다. 또한 그는 몽고의 장군들 이외에도 중국, 위구르 및 아랍의 장군들을 골고루 참전시켰고 군사들 또한 다양한 민족으로 구성하였다. 강력한 투석기 같은 신형무기가 승전에 크게 기여하였는데 이는 페르시아의 기술자들에 의해서 만들어진 것이었다. 결국 남송정복은 오랜 세월 동안 많은 자원을 투입하고 숱한 희생을 치른 끝에 이루어졌고, 쿠빌라이는 통일된 중국의 황제가 되었다.

남송정복 후 쿠빌라이는 남송사람을 심하게 억압하지 않는 정책을 취하였다. 그는 그의 군대에 남송사람의 생명과 재산을 빼앗는 행위를 금지시켰고, 니이기 남송 출신의 수많은 인재들을 조정에 출사시켰다. 이는 피정복지인 중국 남부가 이전과 같은 경제적 번영을 누릴 수 있도록 하려는 의도였으며 동시에 통합과 조화를 추구하는 그의 통치철학의 표현이었다.

쿠빌라이가 불과 20대 초반의 청년이었던 1236년 당시의 대칸 우구데이는 조카인 쿠빌라이에게 북중국의 형주를 영지로 하사하였다. 이로서 그는 중국의 일부분을 직접 통치해보는 경험을 하게 되었다. 이때부터 그는 중국을 통치하기 위해서는 중국인들의 도움이 필요하고 중국의 문화와 제도를 알아야 한다는 것을 깨달았다. 결국 그는 정치적 인생의 초창기부터 훗날 대칸이 되어서까지도 중국의 참모와 중국의 문화에 의존하게 되었다. 게다가 쿠빌라이는 비중국계 참모들도 기용하였다. 대표적인 경우가 투르크계 위구르인 참모와 관료였다. 그는 통치에 필요한 실용적인 제안을 해줄 수 있는 사람이라면 혈통을 가리지 않고 누구든지 환영하였다. 결국 그는 중국인 유학자, 티베트 라마승, 중앙아시아 이슬람교도, 위구르 투르크인 등 다양한 출신의 참모들을 기용하여 조화와 포용의 정치를 할 수 있었다. 그중에서도 중국인으로서 쿠빌라이의 최측근 참모가 된 유병충은 쿠빌라이에게 중국의 정신문화를 소개하고 실용적인 정책을 제안해서 쿠빌라이의 마음을 사로잡았고, 결국 쿠빌라이로 하여금 보다 중국적인 통치를 하도록 유도하였다. 쿠빌라이가 마련한 제도들은 중국인들에게 익숙한 것이었지만, 똑같지는 않고 다만 중국적인 것과 닮아 있었다. 이는 그가 중국통치에 알맞은 제도를 도출하기 위하여 전통적인 제도들을 수정 및 보완했기 때문이다. 그러나 쿠빌라이는 정부운영에 있어서 중국인 관료들에 대한 의존은 가급적 줄였을 뿐만 아니라 몽고인 및 중앙아시아인 관료들로 하여금 중국인 관료들을 감독하게 하였다. 결국 그의 정부는 중국적인 것과 비중국적인 것의 혼합으로 구성되어 있었다. 서로 다른 민족으로 구성된 그의 참모들이 제안한 정책은 기본적으로 세계적인 성격을 보였는데, 이는 쿠빌라이 정부의 효율적인 통치에 큰 도움이 되었다. 이러한 정책으로 인하여 쿠빌라이는 광대한 자신의 영토를 큰 어려움 없이 통치할 수 있었고, 그의 중국 통치는 역사가들에 의해서 성공적이었다는 평가를 받고 있다.[27]

5. 프랑스대혁명

19세기 프랑스의 탁월한 역사가이자 정치학자인 알렉시스 토크빌 (Alexis de Tocqueville)은 프랑스대혁명을 평등화와 산업화의 물결이 세상에 넘쳐흐르고, 귀족정치의 시대는 막을 내리고, 새로이 민주주의 시대가 도래하는 역사적 분수령으로 보고 있다. 이와 더불어 그는 재산, 지식, 권력 지위 등의 조건들이 평균화되는 방향으로 나가는 것은 신의 섭리와 다를 바 없는 필연적인 전개라고 생각하였다. 프랑스대혁명의 진정한 의미는 인간의 자연적 평등과 그 결과인 신분적·계급적·직업적 특권의 폐지에 있었다. 이전의 사회(앙시앵 레짐)에서 귀족이 과도한 특권을 향유함으로써 계급 사이의 불균형이 심화되고 다양한 계급들의 공존이 위태로운 부조화가 출현하였다. 이러한 부조화를 무너트리고 조화의 사회로 가는 과정이 바로 대혁명이었던 것이다.[28]

절대왕권을 향유했던 18세기 부르봉 왕가시대의 앙시앵 레짐하에서 프랑스의 계급구조를 살펴보면 사회적 모순과 부조화를 파악할 수 있다. 당시의 피라미드형 신분질서는 크게 나누어보면 세 단계로 구성되어 있었다. 제1신분은 가톨릭 성직자, 제2신분은 세속귀족 그리고 제3신분은 평민이었다. 그러나 18세기 프랑스 사회의 발달과 함께 전통적인 신분질서에 변화가 발생하였고, 무엇보다도 계급분화가 활발히 진행되고 있었다.

제1신분인 성직자 중에서 귀족적 성격을 가진 것은 오로지 상층의 주교들인데 그들은 전통적인 귀족 출신이었다. 그들은 막대한 교구재

---

27) 모리스 로사비, 『쿠빌라이 칸』, 천지인.

28) A. 토크빌, 『앙시앵 레짐과 프랑스혁명』, 박영률출판사.

산의 수입과 십일조를 독차지하였을 뿐만 아니라 봉건영주로서의 각
종 특권을 향유하고 절대왕권과 긴밀한 관계를 맺으면서 정치적인
지배층을 형성하고 있었다.

하급 사제들은 일반적으로 제3신분 출신이면서 주로 평민들을 상
대하였을 뿐만 아니라 대체로 빈곤하여 사실상 평민적인 속성을 갖
고 있었다.

제2신분인 세속귀족 역시 매우 복잡하게 분화되었는데, 이들은 크
게 보아서 구귀족과 신귀족으로 분류할 수 있다. 여기서 구귀족이란
중세 이래의 봉건귀족이고 또한 신귀족이란 돈과 지식이 있는 부르
주아 출신으로서 절대왕조 시대에 행정과 사법 분야에서 고위 관직
을 얻고 특혜를 받으며 생활하는 계층을 의미한다. 구귀족의 상부층
은 지방에 넓은 영지를 소유하고 있으며 온갖 특권을 누리고 호화롭
고 방탕한 생활을 하면서 궁정을 자유롭게 출입하는 이른바 궁정귀
족이었다. 그러나 여기에 끼지 못한 구귀족은 지방귀족으로서 봉건귀
족의 특권은 누리지만 가난한 사람도 적지 않았고, 그들 중 일부는
지방관리나 장교에 임명되기도 하였다.

그리고 평민이라고 할 수 있는 제3신분 역시 매우 복잡한 구성을
보였다. 수적으로 볼 때 가장 많은 부분은 농민이었는데 그들 중에서
소작농이 큰 비중을 그리고 자작농(토지소유농)이 작은 비중을 차지
하고 있었다. 그 밖에 상업과 자본주의의 발전과 함께 상공업자, 이른
바 부르주아의 숫자도 증가하고 있었다. 또한 도시 노동자도 존재하
고 있었지만 당시 프랑스의 공업은 소규모의 수공업 형태를 띠고 있
었기 때문에 그들의 수는 아직 미미하였다. 이 중에서 주목해야 될
계층은 부르주아였다. 극소수의 최상층 부르주아는 왕권과 결탁하여

귀족화되었지만, 나머지 중소 상공인 집단 역시 18세기 자본주의의 발전 및 경제적 호황과 더불어 그 힘을 날로 키우고 있었다.[29]

귀족적 특권을 지닌 집단은 제1신분, 제2신분으로서 그들은 세금과 부역의 의무로부터 면제되었다. 그들은 자신들의 영지에서 소작인들에게 생산량의 절반에 해당하는 지대를 비롯한 각종 수입을 챙기거나 고위 공직자로서 높은 봉급을 받았다. 반면에 제3계급은 국가재정을 부담하며 허덕였다. 특히 인구의 가장 많은 부분을 차지하고 있었던 소작인들은 국가재정 부담에다가 영주들의 착취에 시달리며 가난에서 헤어나지 못했다. 토크빌의 저작『앙시엥 레짐과 프랑스혁명』에서는 영주의 소작인에 대한 지대 부과 이외에도 영주가 영지 내의 자작농에 대해 부과하는 다양한 봉건적 조세를 설명하고 있다. 예를 들면 영주들은 정기시장이나 상설시장에 대해 세금을 징수했으며, 거의 모든 지역에서 농민들로 하여금 영주소유의 제분기와 포도압착기를 사용하도록 강제할 수 있었다. 가장 가혹하고 보편적인 공조는 영지 내의 토지를 팔 때마다 영주에게 바치는 세금인 토지매각세가 있었다. 그런가 하면 화폐나 현물 따위의 형태로 내는 납부금도 있었다.[30]

18세기 프랑스의 사회적 모순을 우선 조세제도에서 발견할 수 있는데, 무엇보다 제3신분들에 대한 가혹한 징세가 눈에 띈다. 농민과 부르주아는 전통적인 봉건적 공조를 영주에게 바치고 다시 절대왕조가 부과하는 국세도 부담하였다. 즉 제3신분은 이중 조세제도에서 신음하고 있었다. 중세시대에 농민은 각종 봉건적 부조를 오직 영주에게만 바쳤지만, 절대왕조의 출현으로 인하여 국왕이 부과하는 국세가

---

29) 노명식,『프랑스혁명에서 파리코뮌까지』, 책과 함께.

30) A. 토크빌,『앙시앵 레짐과 프랑스혁명』, 박영률출판사.

추가되었다. 결국 농민은 절대왕조의 출현으로 인하여 더욱 큰 부담을 지게 된 것이었다. 국세는 다양한 종류의 직접세와 간섭세로 분류할 수 있는데, 직접세의 경우 특권신분인 제1신분, 제2신분에는 면제되고 오로지 제3신분에만 부과되었다. 간접세 중에서도 소금세의 경우 주로 제3신분에만 부과되었다. 더구나 간접세의 징수는 금융업자들의 조직인 "징세 청부인 조합"이 담당하였는데, 이 조합이 일정한 금액을 정부에 납부하기로 계약을 맺고 납세자에게서 엄청난 돈을 징수하여 그 차액을 취하였다. 이 세금 청부 제도는 국가에는 비경제적이고 납세자에게는 불리하고 오직 금융업자들에게만 폭리를 보장해주는 불합리한 제도였다. 경제적 불황기였던 프랑스대혁명 직전에는 영주들의 농민에 대한 봉건적 공조가 강화되어서, 농민은 영주와 왕조에 내는 것을 합하여 대략 수입의 80~90%를 세금으로 빼앗기고 있었다.[31] 1760년대 말에 시작된 무질서는 가장 근본적인 결핍, 즉 식량부족으로부터 초래되었다. 흉작과 정부의 서투른 정책이 식량 부족과 가격 폭등 그로 인한 기아를 야기하였다. 빈민층의 참상은 귀족들의 풍요와 낭비 그리고 허영과 극단적인 대조를 보였다.

모순과 부조화로 가득 찬 사회를 개조하기 위해서는 선동적인 사상과 변혁 주도 세력이 존재해야 한다. 18세기 프랑스에서 이런 역할을 한 것은 바로 계몽사상과 부르주아였다. 몽테스키외, 볼테르 그리고 루소와 같은 당대의 대표적인 프랑스의 계몽사상가들은 날카로운 이성의 눈으로 그 시대의 현실을 쳐다보면서 격렬히 비판하였다. 특히 루소는 신분제란 반자연적인 제도로서 폐지되어야 한다는 평등사

---

31) 노명식, 『프랑스혁명에서 파리코뮌까지』, 책과함께.

상을 주장하였다. 또한 상공업자들인 부르주아는 자신들의 자녀를 학교에 보냈고, 학교에서는 이들에게 계몽사상을 가르쳤거나 또는 계몽사상을 이해할 수 있는 지적 능력을 갖춰주었다. 이제 계몽사상으로 무장한 도시의 부르주아들이 혁명적 계급으로 출현하여 세상을 바꾸기 위하여 자신들을 내던지게 되었다.

당시의 신분제도에서 부르주아들은 평민에 불과했지만 실제로 그들은 사회의 실세로 성장하고 있었다. 자본주의의 발달로 인하여 그들의 축재는 성공적으로 진행되고 있었다. 부르주아는 돈만 가진 신흥 졸부가 아니라 근면과 절약, 절제, 합리성 및 자유의 화신이 되었다. 이는 허영과 사치와 나태의 화신인 귀족과는 대조되는 표상이었다. 낡은 족보를 중시하고 현실을 직시하지 못하고 있던 멍텅구리 귀족들은 자신들의 기득권을 강화하려는 집단적 이기심에 빠져서 부르주아들의 분노를 야기하였다. 그들은 정부기관과 군대 내에 있는 부르주아 출신들을 몰아내려고 하였고 나아가 국가의 재정파탄 사태에 직면해서도 귀족의 면세특권을 계속 유지하려 하였다. 국가재산의 약 절반 정도를 소유하고 있는 귀족이 세금을 전혀 내지 않고 오로지 평민이 내는 세금만을 가지고 재정적자를 메우라는 주장을 하는 것은 기름 젖은 짚더미에 성냥불을 던지는 것과 같은 일이었다. 게다가 우유부단하고 멍청한 국왕 루이 16세는 긴급한 사태에 직면해서도 조정이나 중재의 역할을 전혀 하지 못했다. 이 세상에는 왕의 운명을 갖고 태어나지 않았더라면 자신과 국가를 위해 바람직했을 사람들이 많이 있었는데 루이 16세가 그런 사람이었다. 게다가 그는 처복도 없어서 더욱 처참한 종말을 맞았다. 오스트리아의 공주이며 허영과 부패의 대명사 마리 앙투아네트가 그의 부인이었다. 훗날 부부가 나란히 단두대에 올라가서 정말로 금슬 좋은 부부임을 보여주었다.

국가 재정파탄 문제를 해결하기 위하여 1787년에 귀족회의는 국왕 루이 16세에게 삼부회를 소집하도록 압력을 가했다. 삼부회란 국가의 위기 상황이 왔을 때 국왕이 자문을 위해 소집하는 중세의 제도였다. 그러나 삼부회는 실제로는 아무런 권한도 갖고 있지 않았다. 삼부회는 제1신분, 제2신분 및 제3신분으로 구성되어 있었는데, 전통적으로 각각의 신분은 1표씩 행사할 수 있어서, 특권층인 제1신분과 제2신분이 결탁하여 제3신분을 지배할 수 있었다. 귀족회의가 삼부회를 소집하려 했던 것은 재정문제를 제3신분에게만 떠맡기려는 꼼수였다. 1787년 5월 제1신분, 제2신분 각각 300명 그리고 제3신분 600명이 루이 16세와 자리를 함께하였다. 그리고 6월에 제3신분은 그들의 머릿수에 따라 투표하는 총회를 요구했으나 거부당하고는, 독자적으로 일을 처리할 준비가 되었다고 선언하면서 자신들을 국민의회라고 칭하였다. 그리고 8월에 있었던 밤샘 회의에서 대표자들은 만장일치로 "국민의회는 봉건제도를 완전히 폐지한다"는 포고문을 발표하였다. 그리고 다시 일주일 뒤에 국민의회는 국왕이 아닌 국가 자체가 모든 주권의 원천이며, "천부의, 절대적인, 양도할 수 없는 권리"에서 모든 사람이 평등함을 주장하는 "인간과 시민의 권리선언"을 채택하였다. 동시에 국민의회는 국가권력상의 우월적 지위를 입법부에 부여하고, 국왕은 법률 제정에 제한적인 거부권만 행사할 수 있도록 하는 새로운 헌법을 입안하였다. 게다가 사태는 예상치 못한 급진적 진행을 보여주었다. 파리로 쏟아져 들어온 군중은 혁명에 새로운 에너지를 공급하면서 7월 14일 파리 바스티유 감옥을 공격하고 함락시켰다. 이로 인해 공격자 중에서 150명의 사망자가, 수비하는 쪽에서도 수십 명의 사상자가 발생하였다.[32] 바스티유 감옥의 함락은 새로운 시대를 개막하는 상징이 되었다. 그것은 신분 없는 평등한 세상을 의미하였다.

이제 루이 16세의 최후를 보자. 그는 왕권을 잃어버리고 허수아비로 전락했지만 형식적으로는 국왕의 지위를 유지하고 있었다. 그 와중에 그는 프로이센의 왕에게 밀사를 보내서 유럽 주요 국가들의 무력간섭에 의해 혁명을 분쇄해달라고 요청하였다. 루이 16세와 그의 부인은 전쟁이 나면 프랑스가 참패할 것으로 확신하고, 프랑스의 패배가 잃어버린 왕권을 도로 찾아줄 것으로 믿었다. 그리고 마침내 아마도 그의 부인이 꼬드겼던지─두 사람의 성격이나 그간의 관계를 볼 때 그럴 가능성이 크다─ 프랑스를 탈출하여 오스트리아로 가려했다. 그의 가족은 1791년 6월에 탈출을 시도했지만 국경에서 체포되었다. 그는 파리로 압송되었고, 오스트리아 군대를 끌고 와서 혁명을 분쇄하려 했다는 혐의를 받게 되었다. 실제로 1792년 4월에 오스트리아와 전쟁이 시작되었고 시민들의 감정이 격앙되었다. 루이 16세의 재판과 관련하여 서로 다른 파벌들 사이에서 격렬한 논쟁이 진행되던 중 1792년 11월에 루이 16세가 많은 사람들과 공모하여 국민을 속이고 내란을 꾸미고 적군과 내통했던 사실을 낱낱이 밝혀주는 비밀문서가 파리 튈르리 궁의 비밀벽장 안에서 발견되었다.

결국 1793년 1월에 루이 16세가 그리고 그해 10월에 왕비 마리 앙투아네트는 콩코르드 광장에 설치된 단두대에서 처형되었다.

그러나 루이 16세의 처리, 외국의 위협 및 혁명의 의미를 둘러싸고 국민공회 안에서 분열이 발생하였다. 급진파 자코뱅당과 온건파 지롱

---

32) 제임스 맥그리그 번스, 『역사를 바꾸는 리더십』, 지식의 날개.

드당의 대립이 그것이었다. 그리고 나아가서 분열과 대립은 모든 종류의 반대세력들 사이에서 목숨을 빼앗고 뺏기는 살육전으로 비화되었다. 이른바 공포정치의 시대로서 귀족, 성직자, 혁명영웅, 농민반란군 등 수만 명이 처형되었다. 이 시기에 사람들은 내일 체포되어 죽을지도 모른다는 두려움 속에서 하루하루를 보냈다. 게다가 혁명으로 인한 사회적 혼란이 경제적인 혼란을 초래하여 대부분의 프랑스인들은 굶주림으로 신음하였다. 일시적으로 정권을 잡은 자코뱅당과 지도자 로베스피에르는 점점 더 독재적이 되었고 살육의 괴물로 변해갔다. 그리고 마침내 군인들에 의해서 로베스피에르 자신이 단두대의 이슬로 사라졌다. 혁명 직후에 발생한 일련의 혼란들은 부조화의 시대가 무너지고 조화의 시대로 이행할 때 과도기적으로 발생하는 일반적인 현상으로 볼 수 있다.

혼란의 시대를 잠재우고 새로운 조화의 시대를 열어갈 진정한 영웅의 출현이 기대되는 시점이 되었다. 이때 출현한 인물이 나폴레옹이었다.

일찍이 자코뱅당의 지도자 로베스피에르가 주변 국가들과 전쟁을 피해야 한다고 주장하면서, 전쟁이 전쟁영웅을 창조하면 그로 인해 독재가 발생하게 된다고 한 그 예언이 적중된 인물이었다. 나폴레옹은 군사적 천재로서 유명하지만 실제로 그는 뛰어난 정치가, 행정가이고 문민 통치자였다. 그는 국민들 사이의 이해관계를 조정하고 균형을 잡았다. 그리고 사회에 남아 있는 혼란과 폭력을 제압하고 질서를 창조하기 위하여 다양한 통제를 시행했다. 그는 공화파의 폭력과 왕당파의 반격을 봉쇄하고, 부르봉왕가를 복구시키지도 않고 혁명의 과실을 희생시키지도 않으면서 평화와 안정을 프랑스에 가져다주었

다. 나폴레옹은 『나폴레옹 법전』이라고 불리는 방대한 법률체계를 창
조하였다. 이는 민법전으로서, 혁명 이후 프랑스사회의 균형과 조화
를 창조한 기반이 되었으며, 나아가 혁명사상을 전 세계에 보급하는
역할을 하였다.[33] 그러나 정치천재로서 나폴레옹의 출현은 앙시앵
레짐이 초래한 부조화의 시대에 종지부를 찍고 조화의 시대로 이끌
어가기 위한 역사적 필연성의 결과물이었다. 나폴레옹은 혁명의 낭만
을 종식시키고 혁명의 현실을 정리하고 혁명을 완성시켜야 한다고
믿었다. 『나폴레옹 법전』은 그의 사상과 의지의 표현으로서 시민혁명
의 진보성과 보수성 사이에서 조화를 창조하였다. 또한 민법을 종교
적 영향에서 해방시키고, 시민적 자유와 평등을 보장하고, 신분의 세
습을 금지하였으며, 상속과 소유에 관한 일반적 원리를 표현하였다.
프랑스혁명의 완성은 제도 면에서는 나폴레옹법전으로 실현되었고,
근대 세계의 모든 나라에 프랑스혁명의 사회적·정치적 이념을 전파
하였다. 그 밖에도 나폴레옹은 재정과 통화의 안정을 실현하였고, 상
공업을 진흥하여 프랑스 산업자본주의 발전의 초석을 이룩하였다. 그
는 또한 자본과 노동의 중재자 역할을 하였고 혁명의 결과로서 토지
를 소유하게 된 농민의 보호자 역할을 하였다.[34] 대혁명 이후 프랑스
의 군대와 경제에 모두 새 바람이 불어서 프랑스의 국력은 향상되었
는데, 이는 프랑스가 혁명을 통하여 자신의 국력을 쇄신하고 나폴레
옹에 의하여 잘 운용됨으로써 가능하였다.[35]

---

33) 제임스 맥그리그 번스, 『역사를 바꾸는 리더십』, 지식의 날개.

34) 노명식, 『프랑스혁명에서 파리코뮌까지』, 책과함께.

35) 폴 케네디, 『강대국의 흥망』, 한국경제신문사.

VI.

물질과 정신의 조화

인간이 한평생을 살기 위해서는 물질과 정신이라는 두 요소가 모두 필요할 뿐만 아니라 그들이 조화를 이루어야 한다. 또한 사회도 물질적 조건과 정신적 조건이 균형을 이루어야 태평성대를 이루게 된다. 그러나 인류역사를 고찰하면 물질과 정신이 조화를 이루고 있었던 시대가 있었고 반대로 물질 또는 정신 어느 한쪽으로 무게가 쏠린 부조화의 시대가 있었음을 알 수 있다. 물질을 과도하게 추구하는 사회에서는 사회구성원들이 현세적이고 향락을 추구하는 경향을 보인다. 이런 경우의 대표적인 역사적 사례로서 고대 로마사회의 후기를 들 수 있다. 로마제국이 후기에 접어들면서 물질에 대한 탐욕이 사회 전체를 뒤덮었다. 로마의 전 시민이 부를 얻기 위하여 혈안이 되었고, 부를 늘리기 위하여 수단과 방법을 가리지 않았다. 물론 이로 인하여 로마의 상공업 및 금융업이 발전한 것도 사실이지만, 반면에 사회의 어두운 부분이 지나치게 커져서 로마제국 전체에 그늘을 지우고 있었다. 뇌물, 고리대금업, 향락, 공직자의 착복, 사기, 결혼지참금과 상속에 대한 갈망 등은 후기 로마사회의 전형적인 모습이었다.

기번의 『로마제국쇠망사』에 나오는 이야기를 보자:

지성에는 아예 관심이 없는 로마귀족들에게는 돈벌이가 최고의 관심사였다. 돈벌이에 대한 이야기가 나오면 그들의 얼굴은 탐욕으로 불타오른다. 그것을 위해서라면 아무리 멀고 먼 곳까지라도 간다. 즉 유산과 유증의 기대 앞에서는 평소의 오만과 위엄은 완전히 꼬리를 감춰버린다. 따라서 자식이 없는 자산가만큼 위세 등등한 자는 없다.

정도를 넘어선 사치의 결과 궁핍에 빠지면, 귀하신 나리들도 때로는 비굴한 수단에 호소한다. 빚을 얻는 것이다. 그렇게 되면 희극에 등장하는 노예처럼 비굴한 태도로 나온다. 그러나 정작 돈을 갚아야 할 때가 되면 헤르쿨레스의 후예처럼 위엄 있고 비장한 변론을 늘어놓으며 사정을 봐달라고 간청하고 그래도 재촉이 거듭되면 이번에는 비열한 아첨꾼을 고용하여 채권자에게 독약을 먹이거나 마술을 걸게 한다. 아니면 부채를 탕감해줄 때까지 감옥에서 풀려나지 못하도록 함정에 밀어 넣는다.[36]

또한 심지어 황제가 자신의 목숨 값으로 친위대에게 뇌물을 주기도 하고, 친위대는 황제 살해 후에 돈 많은 사람에게 뇌물을 받고 황제자리를 내준 사건이 있을 정도로 후기 로마사회는 뇌물의 천국이었다.[37]
반면에 도덕심, 정의심, 정직성, 신의, 절제력, 박애 등과 같이 인간 사회의 유지와 발전에 반드시 필요한 고귀한 정신은 완전히 실종되

---

36) 에드워드 기번, 『로마제국쇠망사』, 동서문화사.
37) 인드로 몬타넬리, 『로마제국사』, 까치.

었다. 하지만 인간사회에서 이러한 부조화는 오래 지속되지 않는 법이었다. 그렇기 때문에 인간사회는 유지되고 발전되어 왔다.

고대 로마사회는 결국 기독교라고 하는 새로운 정신의 출현과 확산을 통하여 조화의 시대를 향하여 이행하기 시작하였다. 아놀드 토인비는『역사의 연구』에서 로마사회의 부패와 도덕성의 쇠퇴로 인하여 위기감을 느낀 사람들은 새로운 대안으로서 기독교를 선택하였고, 기독교는 정신문화가 피폐한 로마사회에 도덕성을 제공하면서 새로운 문화 창조의 기수가 되었다고 평하고 있다.[38] 또한 에드워드 기번은『로마제국쇠망사』에서 기독교가 로마 후기사회에서 성공한 원인을 다섯 개로 분류하여 들고 있는데, 이는 기독교인들의 불굴의 정신과 종교적 열정, 내세의 관념, 원시 기독교가 보여준 기적의 힘, 기독교도의 도덕적으로 근엄한 행적 그리고 기독교도 집단의 결속과 규율이다.[39] 토인비나 기번 모두 후기 로마사회에서 기독교는 이전의 로마사회에서 실종된 정신적 가치를 부각시킴으로써 로마사회에 새로운 바람을 불러일으켰다는 점에서 일치된 견해를 보이고 있다. 물론 기독교가 쇠퇴해가는 로마사회를 다시 부흥시키지는 못하였다. 이는 쇠락한 서로미기 이민족의 침략으로 무너졌기 때문이다. 하지만 기독교는 로마문화의 주춧돌로 살아남고 나아가 번창하여 중세 유럽사회의 문화적·정치적 토대가 되었다.

서로마제국의 영토를 유린한 게르만족은 용맹하고 전쟁에 능했지만 문화적으로 미발전한 야만족이었다. 그들이 서로마제국의 영토에 새로운 왕국을 세우기 시작한 초기 중세시대에 그들은 로마의 문화

---

38) 아놀드 토인비, 『역사의 연구』, 흥신문화사.

39) 에드워드 기번, 『로마제국쇠망사』, 동서문화사.

를 흡수하였고, 이 과정에서 기독교는 그들의 정신적 지주가 되었다. 중세 유럽사회는 흔히 암흑세계라고 불린다. 고대 로마시대의 찬란했던 물질문명, 도시문명이 사라지고 빈곤과 촌락의 시대로 되돌아갔다. 기술이 퇴보하고 생산력이 하락하였다. 인류역사는 지속적인 생산력의 발전을 보인다고 말했던 칼 마르크스(Karl Marx)조차도 초기 중세시대에 생산력이 하락했음을 인정하였다. 중세 유럽사회는 빈곤했지만 사람들은 현세와 물질에 대한 집착을 버리고 기독교에서 말하는 심판과 천국의 약속에 빠져들었다. 고대 로마사회와는 정반대로 이번에는 기독교라고 하는 정신세계에 대한 과다한 의존과 물질세계에 대한 지나친 무관심으로 세상은 다시 조화를 잃었다. 중세 기독교에서는 물질에 대한 사랑을 모든 악의 근원으로 보았다. 마테복음에 있는 그 유명한 격언 "*낙타가 바늘귀를 통과하는 것이 부자가 천국에 들어가는 것보다 쉽다*"는 중세 기독교의 정신을 잘 표현하고 있다.

또한 상업을 통한 이익과 대부를 통한 이자수입을 악으로 간주하였고, 이로 인해 상인과 대금업자는 경멸의 대상이 되었다. 중세에 널리 읽힌 책인 그라티아누스의 『교령집』에는 "*상인은 하느님을 즐겁게 만들지 못할 뿐만 아니라, 나아가서 어떤 물건을 전혀 가공하지 않은 상태에서 그대로 되팔아 이익을 남길 목적으로 구입하는 사람은 하느님의 성전에서 내쫓아야 할 구매자이자 판매자이다*"라고 쓰여 있다.[40] 수많은 중세 유럽의 지식인들이 스스로 재산을 포기하였으며, 가난한 사람은 사랑과 존경의 대상이 되었다.

그러나 후기 중세라고 할 수 있는 13세기에 들어와서는 상업에 대

---

40) 엘런 S 케이건, 『지식인과 자본주의』, 부글.

한 이전의 적개심이 변하기 시작한다. 특히 토마스 아퀴나스와 그의 추종자들인 스콜라 신학자들은 교역과 교역업자들이 공동선에 이바지하고 그로 인하여 그들은 필요한 존재라고 생각하기 시작하였다. 예를 들면 자기 나라에 기근이 들었을 때 곡물을 수입하는 상인은 피를 빨아 먹는 흡혈귀가 아니고 이익을 누릴 자격을 갖춘 은인이 된다. 그러나 돈을 꿔주고 이자를 받는 행위는 여전히 부도덕한 것으로 간주되었고 따라서 교회는 대금업을 계속적으로 금지시켰다.

유럽사회가 정신의 세계로부터 조금씩 이탈하여 물질의 세계로 향하게 된 계기는 상업의 팽창이었다. 11세기부터 성장하기 시작한 당시의 무역은 베네치아, 제노바, 피사, 바르셀로나, 마르세이유와 같은 남유럽의 도시들에서 발달하였는데 주된 교역대상은 비잔틴제국 및 이슬람국가들이었다. 따라서 이 시대의 무역은 흔히 지중해무역이라고 불린다. 당시 지중해무역이 발달한 것은 십자군전쟁의 결과로 기독교인들이 지중해를 장악했기 때문이다. 지중해무역은 인도, 동남아시아 및 중국 등지에서 들어오는 상품이 통과하여 유럽전역으로 퍼지는 성격을 띠고 있었다. 1400년대 들어서 유럽의 상업은 새로운 변화를 맞게 되었는데, 그것은 바로 신항로의 개척이었다. 이 시대에 신항로가 개척된 것은 천문학적 지식이 증가하고 새로운 항해도구가 사용된 데다가 이슬람교도들이 위협하는 중동지역을 우회하여 인도로 갈 수만 있으면 많은 비용과 위험을 절감할 수 있는 요인이 존재했기 때문이다. 1487년에 포르투갈의 디아즈가 희망봉을 발견하였다. 그리고 1492년 콜럼버스가 서인도제도에, 1497년에는 바스쿠 다가마가 희망봉을 돌아서 인도에 도착하였다. 유럽은 아메리카로부터 귀금속을, 아시아로부터 향료와 차를 그리고 서인도지역으로부터 설탕과

카카오 등을 공급받았다. 이로 인하여 유럽경제는 활력을 얻게 되었다. 1500년경부터 대서양무역의 발달로 인하여 지중해무역과 남유럽 도시들이 쇠퇴하기 시작하면서 유럽경제의 중심은 북유럽의 도시들로 이동하기 시작하였다.[41]

상업의 발달이 유럽사회에 미친 영향은 매우 컸다. 도시가 발달하고 상인계급이 성장하였으며 금융업의 발전도 나타났다. 그리고 중세 기독교 유럽을 지배하던 물질에 대한 거부감이 사라지면서 물질과 정신의 조화가 서서히 발생하게 되었다. 그리고 결국 상업의 발달은 프로테스탄티즘, 자본주의, 민주주의, 합리주의를 특징으로 하는 근대유럽사회 탄생의 씨앗이 되었다. 근대유럽사회에서 출현한 프로테스탄티즘(정신)과 자본주의(물질) 사이에서 발생한 조화를 해석하는 방식은 크게 보면 마르크스주의적인 시각과 베버적인 시각으로 분류할 수 있다. 마르크스주의적인 시각에 의하면 프로테스탄티즘이란 자본주의 초기 발전과정에서 나타난 경제적 변동이 당시 사람들의 정신에 영향을 주어 하나의 이념으로서 자리 잡은 것이었다. 이는 인간의 정신이라는 것이 단지 물질세계를 반영할 뿐이라는 유물론적 사고를 반영하는 것일 뿐이다.

반면에 막스 베버(Max Weber)는 논문형식으로 출간한 『프로테스탄트 윤리와 자본주의 정신』을 통하여 독창적인 새로운 시각을 제시하였다. 그는 근대자본주의가 도덕과는 무관한 개인적 이득추구에 기초하고 있는 것이 아니라, 의무로서의 일에 대한 엄격한 책임에 기초를 두고 있다고 보았다. 따라서 정당한 경제적 활동을 통해 부를 획득하

---

41) 서정익, 『세계경제사』, 혜인.

려는 행위가 그를 통해 얻어진 소득을 개인적 향락에 사용하지 않으려는 태도와 독특하게 조화를 이루어 근대자본주의의 정신을 특징짓고 있다. 이것은 의무와 미덕으로서의 천직을 선택하여 그것을 효율적으로 수행하려는 가치에 대한 믿음에 뿌리를 두고 있다. 여기서 천직의 개념은 중세 가톨릭에서는 존재하지 않았던 것으로 종교개혁 당시에야 비로소 나타났다.[42] 베버는 마르크스주의의 편협한 유물론을 비판하였지만 그렇다고 자본주의가 종교개혁의 산물이라고 하는 편협한 유심론을 주장한 것은 아니었다. 그는 단지 근대 시민계층이 지닌 보편적 경향인 합리적인 생활태도가 한편에서는 자본주의경제와 그리고 다른 한편에서는 프로테스탄트정신 사이에 존재하는 친화성의 결과물로서 자본주의의 정신이 존재한다고 생각하였다.[43]

어찌 되었던 근대자본주의의 출현은 고대 로마사회와 중세 기독교사회에서 나타난 물질과 정신의 부조화 상태를 극복하고 양자가 조화를 이룬 새로운 시대로의 이행을 의미하였다. 이와 더불어 근대유럽사회에서는 이전 시대에는 경험할 수 없었던 경제적·사회적 발전이 나타났다.

---

42) 앤서니 기든스, 『자본주의와 현대사회이론』, 한길사.

43) 칼 뢰비트, 『베버와 마르크스』, 문예출판사.

VII.

자유와 평등,
개인과 공동체의 조화

근대유럽에서 시민사회의 성립 이후 사회의 발전과정은 정치적으로 민주주의 그리고 경제적으로 자본주의 발전이라는 특징을 보이고 있다. 달리 표현하면 정치적으로 민주주의가 경제적으로는 시장자본주의와 결합하여 동반하면서 발전하고 있는 모습이다. 물론 시대와 공간에 따라서 양자가 결합한 모습은 매우 다르고, 또한 그것을 바라보는 학자들의 시각은 매우 대조적이다. 근대시민사회의 성립 이후 자유와 평등은 가장 중요한 사회적 가치이고 이념으로서 나타났지만 양자의 관계는 대부분의 경우 상충적이고 부조화적인 모습을 보였다. 또한 개인주의와 공동체주의 역시 상충과 부조화의 역사를 창조하였다. 상기의 개념들(자유, 평등, 개인, 공동체) 중에서 특정한 것을 선택하여 무제한적인 가치를 부여한 것을 특정한 이념의 형태로 표현하였고, 그러한 이념의 사각 링 위에서 지식인, 정치인, 노동자, 자본가 사이의 무시무시한 대결이 발생하였다. 이러한 대결이 많은 경우에 폭력적 싸움으로 비화하여 수많은 사람들이 피를 흘리며 죽어간 불행한 사태를 야기하였다.

휴머니즘으로 포장된 근대시민사회 성립 이후 출현한 폭력과 인명

살상은 이전 그 어떤 시대에도 볼 수 없었던 거대한 규모와 잔인성을 드러내었다. 이러한 현상은 물질과 정신이 조화를 이룬 근대유럽사회에서 다른 종류의 사회적 부조화로 인하여 초래된 것이라고 볼 수 있다. 예를 들면, 지나친 계급갈등, 자유방임에 대한 지나친 예찬과 만연한 불평등에 대한 무관심, 개인 또는 공동체에 대한 일방적인 신뢰, 생산수단의 사적 소유 또는 공적 소유에 대한 일방적인 확신 등은 근대시민사회에서 해결되지 않은 부조화라고 할 수 있다. 다행히도 조화로운 사회를 창조할 수 있는 새로운 이념과 정치적 실체로서 서유럽, 북유럽에서 출현한 사회민주주의는 현대자본주의 사회에서 새로운 조화에 도달할 수 있는 가능성을 보여주고 있다.

1. 자유와 평등의 부조화 – 자유주의 vs 사회주의

18세기 말 영국에서 산업혁명이 시작되었고, 19세기에는 산업혁명이 유럽의 전 지역과 미국으로 확산되어 경제에 새로운 동력을 제공하였다. 19세기 서구시민사회에서 지배적인 위치를 차지한 이념은 자유주의였다. 경제학의 아버지라고 불리는 영국의 애덤 스미스에 의해서 집대성된 경제, 사회사상으로서의 자유주의는 자본주의시장경제체제에서 경제적 진보가 무한히 가능하다고 하는 믿음의 전도사 역할을 하였다. 자유주의자들은 무한히 계속되는 경제적 진보를 위하여 필요한 사회적 조건으로서 이른바 "생산수단의 사적 소유에 대한 불가침성", "큰 시장과 작은 정부"를 강조하였다. 이와 더불어 인류역사에서 최초로 개인주의와 자유가 사회발전을 위한 미덕으로 칭송되었다. 즉 "개인적 이익의 극대화가 사회적 이익의 극대화를 실현한다” 그리고 “가급적 많은 자유는 개인적 창의력을 극대화시킴으로써 사회적 번영을 창조한다” 등으로 표현된 것들이 자유주의 사상의 핵심을 이루었다.[44] 이는 19세기 중반까지 산업혁명의 확산과 함께 출현한 경제적 번영의 시대적 상황과 잘 맞아떨어지면서 흥행에 성공하였다. 그러나 19세기 후반에 들어서면서 자본주의시장경제체제는 많은 모순에 부딪친다. 특히 과도한 경제적 불평등으로 인한 심각한 계급갈등, 비인간적인 근로조건, 원자화된 인간 및 불황 등은 자본주의에 대한 기대와 낙관을 잠식시켰고, 동시에 자유주의에 대한 반발과 도전 그리고 새로운 대안으로서 사회주의가 대두된다.[45]

당시 사회주의이념의 주류를 형성한 것은 마르크스주의(Marxism)였다. 마르크스주의는 이전에 존재했던 사회주의와 자신을 구별하기 위하여 스스로를 과학적 사회주의라고 칭하였는데, 여기서 과학성이란 역사발전에 있어서의 필연성, 즉 역사발전의 법칙을 제시했다는 것을 의미한다. 독일의 철학자요 경제학자이고 아마도 인류역사에서 가장 큰 영향력을 행사했던 사회과학자로서 칼 마르크스(Karl Marx)는 자기 이전의 학자들과 매우 다른 독창적인 사고를 갖고 있었다. 그가 제시한 사고체계로서 가장 유명한 것은 이른바 “역사유물론”으로서, 그 이전의 어떤 사회과학자도 제시한 적이 없는 독창적인 것이었다. 여기서 “역사유물론”이란 역사발전의 설명에 있어서 경제 결정론적 시각을 의미한다. 마르크스 이전에 사회과학자들의 대부분은 정치 또는 전쟁에 중심을 두고 역사발전을 설명하는 방식이 주류를 이루고 있었다. 따라서 마르크스의 “역사유물론”은 그 당시에 하나의 파격이었

---

44) 이근식, 『자유주의 사회경제사상』, 한길사.

45) 앨런 S. 케이헌, 『지식인과 자본주의』, 부글.

고 새로운 충격이었다. 역사유물론에 의하면 역사발전의 동력은 경제부문(하부구조)에서 시작된다. 인간이란 원래 타고나기를 조상이 했던 생활방식을 단순 반복하지 않고 좀 더 낫게 살기 위하여 머리를 사용한다. 다른 동물과 달리 인간이 갖고 있는 최고의 능력은 바로 두뇌를 사용한다는 것이고, 이로 인하여 인류가 생산을 위하여 사용하는 기술은 계속적으로 발전해왔다. 기술의 발전으로 인하여 한 사회의 생산력은 지속적으로 성장을 하게 되는데, 특히 어떤 시기에는 생산력이 폭발적으로 증가하게 된다. 이러한 시기에는 사회적으로 역동성이 발생하면서 사회가 새로운 변화의 물결에 휩쓸리게 된다. 그러니까 인류의 역사발전 과정을 보면 변화가 미미한 정체의 시대가 있고, 반면에 변화가 매우 심한 역동적인 시대가 있는데, 이는 생산력 발전 속도의 차이에 기인하는 것이다.

사회의 경제부문에는 생산력 이외에도 생산관계라는 것이 존재한다. 생산관계란 인간은 원래 사회적 동물이기 때문에 생산을 홀로 하는 것이 아니라 다른 사람들과 어떤 관계를 맺으면서 한다는 것을 의미한다. 좀 더 구체적으로 표현하면 인간사회에서 어떤 사람은 생산수단을 제공하는 역할을 하고 어떤 사람은 노동력을 제공하는 역할을 한다. 예를 들면 농경시대에는 농지의 소유자(귀족, 영주, 지주)와 농업노동자(노예, 농노, 소작인)로 나누어질 수 있고, 자본주의시대에는 이른바 자본가(부르주아)와 임금노동자(프롤레타리아)로 분류될 수 있다. 생산수단을 제공하는 사람과 노동력을 제공하는 사람 사이에는 이른바 계급성이 존재하게 되는데, 생산수단을 소유한 사람은 지배계급이 되고 노동력을 제공하는 사람은 피지배계급이 되어, 이들 사이의 계급적 관계가 인간의 사회적 관계에서 중심을 이룬다. 결국 생산수단의 사적 소유가 계급성을 창조한다는 것을 의미한다. 계급성은 생산관계를 통하여 출현하며 한 사회의 비물질적 부문, 즉 정치와 문화의 특성을 결정한다. 계급사회에서는 정치, 문화의 모든 것이 계급적이 되고 계급관계가 어떤 모습을 보이는가에 의해서 한 사회의 비물질적 부문(상부구조)의 모습도 달라진다. 중세봉건시대의 상부구조 모습과 근대자본주의 사회에서 상부구조의 모습이 다른 것은 두 시대에 계급관계가 다른 특성을 보였기 때문이다. 만약에 무계급사회가 도래하면 상부구조의 모습이 다시 달라질 것이다. 따라서 마르크스에게 있어서 정치, 문화와 같은 상부구조는 원래가 독립적으로 변하는 것이 아니라 생산관계의 변화에 의해서 결정되는 속성을 가지고 있다. 개괄적으로 표현하면 한 사회의 생산력이 바뀌면 그로 인하여 생산관계가 바뀌고, 생산관계가 바뀌면 상부구조가 변해서 사회 전체의 모습이 변한다는 것을 말하고 있다.

역사유물론의 특징 중에서 반드시 짚어봐야 할 것은 정치의 비자율성인데, 이는 정치란 경제부문에 종속되어 결정되는 것으로서 그 스스로 자율적으로 변할 수도 없고 또 세상을 변화시킬 수 없는 것으로 간주된다.

이 세상을 변화시키는 과정에서 정치가 수행하는 역할은 이른바 계급투쟁으로서 피지배계급이 봉기하여 세상을 뒤집는 것을 의미하는데, 피지배계급의 혁명적 투쟁의지는 그 스스로가 관념적으로 발생하는 것이 아니라 그들이 속한 계급의 속성에 의해서 결정되는 것으로서, 인간의 의식 그 자체도 역시 경제적으로 결정된다. 부르주아에게는 부르주아적 의식이 지배적이고, 프롤레타리아에게는 프롤레타리아적 의식이 지배적이다.

역사유물론에 의하면 자본주의사회의 생산력이 충분히 발전하면 자본주의사회 내부에 담겨져 있는 사회주의의 씨앗이 함께 성장하여 언젠가 자본주의사회를 붕괴시키고 새로운 사회를 창조하게 된다. 이 새로운 사회는 생산수단의 사적 소유가 폐지되는 사회주의사회이고, 역사발전의 종착지는 공산사회라는 것이다.[46]

마르크스사상의 또 다른 특징은 국가라고 하는 것을 계급적 속성을 가진 존재로 보았다는 점이다. 국가란 계급적 지배의 원인이면서 결과라고 하였는데, 이는 세상에 존재하는 모든 국가는 계급적 지배가 존재하기 때문에 발생하였고 또한 계급적 지배를 유지하기 위한 수단이란 것을 의미한다. 따라서 계급이 소멸한 공산사회가 되면 국가도 소멸하게 된다고 말하고 있다. 결국 마르크스주의는 국가라는 것의 속성과 한계를 명확히 제한하였기 때문에 국가라는 조직을 이용하여 세상을 나은 방향으로 변혁시키는 것에는 애초부터 무관심했다. 또한 정통 마르크스주의자들은 역사유물론에 충실하였기 때문에 자본주의 사회의 붕괴는 자본주의 내부에서 스스로 이루어질 것으로 보았고, 그로 인하여 격동하는 정치현실 속에서도 단지 미래 어느 날에는 반드시 올 것이라고 믿고 있던 그날을 기다리는 것이 최선이었다. 따라서 역사유물론과 계급국가론은 19세기 후반부터 20세기 초반까지 유럽사회주의자들이 현실정치에서 무기력하고 적절한 대응을 하지 못하게 한 장애물이었다고 할 수 있다.

---

46) R. 하일브론노, 『맑시즘』, 한울.
　　앤서니 기든스, 『자본주의와 현대사회사상』, 한길사.

19세기 후반 유럽사회에서 자유주의와 마르크스주의는 공존과 균형의 조화를 이루지 못하였고, 한쪽이 다른 한쪽을 완전히 지구 상에서 밀어내려고 하였다. 이는 학자와 정치가들 사이에서 이념적으로 자본주의사회에 대한 극단적인 예찬 또는 자본주의사회에 대한 극단적인 저주의 형태로 표현되었다. 또한 자본가계급과 노동자계급 사이의 첨예화된 갈등은 사회의 불안과 혼란을 야기하였다. 달리 표현하면 극단적으로 자유 하나만을 외치는 집단과 반대로 평등 하나만을 주장하는 집단들 사이에서 자유와 평등 사이의 조화는 실종된 상태였다.

2. 개인과 공동체의 부조화 – 자유주의 vs 파시즘

19세기 후반에 들어서 유럽의 자본주의 시장경제체제가 창조한 또 다른 부작용으로서 사회구성원들의 심리적 문제가 대두되었다. 만연한 이기심과 개인주의에 대한 찬양, 전통적 가치와 공동체의 소멸, 인간의 원자화와 사회적 분열의 증가는 유럽사회에 엄청난 불안감을 창조하였다. 그리고 그것에 대한 대응으로서 19세기 말에는 연대감과 소속감 그리고 집단적 의지를 제공할 수 있는 방법은 공동체주의의 부활이라고 생각한 정치가와 사상가들에 의해서 민족주의운동이 활성화되었다. 이러한 운동의 한쪽에서는 민족주의를 사회주의 사상과 결합한 세력이 나타났고, 그리고 다른 쪽에서는 민족주의 운동을 정치적 독재 및 생산수단의 사적소유와 결합한 형태로 받아들인 세력이 출현하게 되었다.

민족주의와 결합한 사회주의는 마르크스주의와 결별한 사회주의였다. 이들은 자본주의를 깊이 불신하고 노동자계급에 대한 연민을 느꼈지만 마르크스주의의 역사유물론과 계급투쟁을 거부하였다. 그들은 민족주의가 가지고 있는 엄청난 힘을 인식했으며 권력을 잡기 위해서는 단지 프롤레타리아만의 힘에 의존해서는 안 되고 민족의 이름을 내걸고 비프롤레타리아 집단과 협력해야 한다는 것을 깨달았다.[47]

반면에 20세기에 들어서면서 우익 민족주의자들이 자본주의세상의 비도덕성, 물질주의, 원자화 등을 비판하면서 대중적 기반을 확대하였다. 그들은 민족과 국가를 강조하면서 자유주의와 민주주의를 동시에 거부하였고 자본주의가 초래한 불안정, 불의, 위험을 극복하기 위한 대안으로서 자신들의 존재를 강조하였다. 이들은 마침내 유럽의 일부 국가에서 파시즘의 모습으로 출현하게 되었다. 20세기 전반기에 독일, 이탈리아, 스페인 등 유럽의 몇 나라에서 정권을 잡을 정도로 성공한 파시즘이 대중들의 인기를 얻은 주된 이유는 독일 프랑크푸르트학파의 석학 에리히 프롬의 명저 『자유에서의 도피』에서 설명되었듯이, 당시 사회에서 홀로 선 개인들의 외로움과 두려움이었다. 외로움과 두려움에 떨고 있던 개인들에게는 자유보다는 독재자와 국가의 보호가 차라리 나은 것이었다.[48]

19세기에 전성기를 경험한 자유주의와 20세기 전반에 유럽의 문제아로 탄생한 파시즘은 대조적이면서 대립적이었다. 순수한 이념적 차원에서 볼 때 자유주의는 자유방임적 시장경제 체제가 사회적 번영을 창조할 것이라고 보았다. 따라서 개인의 자유가 극대화되고 국가의 역할은 극소화되는 세상을 지향하였다. 그러나 자유주의는 시장의 불완전성을 제대로 인식하지 못하였을 뿐만 아니라 지나치게 개인주

---

47) 셰리 버먼, 『사회민주주의와 20세기 유럽의 형성 정치가 우선한다』, 후마니타스.
48) 에리히 프롬, 『자유에서의 도피』, 범우사.

의에 토대를 두고 있었기 때문에, 사회공동체가 인간 개개인의 삶에 주는 영향과 역할을 간과하였다.

사회공동체를 벗어난 개인들이 느끼는 외로움과 소외감 그리고 불안정한 시장에서 개인들이 봉착하는 생활상의 불안감은 현실정치에 큰 영향을 미치는 중요한 현상이었음에도 불구하고 자유주의자들은 이를 외면했다.

자유주의 세상에서 발생한 이런 문제로 인하여 반사적 이익을 얻은 것은 파시즘이었다. 20세기 전반기에 유럽 몇 나라에서 발생한 파시즘체제는 기본적으로 생산수단의 사적소유를 인정하고 있지만 여러 가지 점에서 전통적인 자본주의체제와는 차이를 보였다. 파시즘은 국가와 민족의 총체적 이익을 특정개인이나 집단 또는 계급적 이익 위에 서 있는 존재로 보았다. 이로 인하여 파시즘 정권이 출현한 나라들에서는 노동자계급의 파업과 자본가계급의 과도한 이윤추구가 모두 억압되었으며, 경제 분야 전반에 거쳐서 광범위한 규제와 통제 (임금과 가격, 계약체결, 생산, 신용공급 등에 있어서)가 시행되었다. 파시즘은 사기업을 생산영역에서 민족의 이익을 위한 가장 효율적이고 유용한 도구로 보았다. 따라서 불황으로 인하어 사기업이 어려움에 봉착하면 국가가 개입하여 사기업을 위기로부터 구제하였다. 그외에도 노동자들의 후생을 증대시키고 삶에 안정성을 제공하기 위한 방안들이 추진되었다. 예를 들면 대중을 대상으로 한 확대된 복지제도가 독일과 이탈리아에서 만들어졌다. 특히 대공황시절 독일 나치정권이 추진한 일자리 창출 정책은 자유주의를 표방한 정부가 하지 못한 획기적인 행위로서 국민의 인기를 얻는 데 크게 기여하였다.

반면에 파시즘은 정치적·경제적으로 개인과 집단의 자유를 억압하고, 국가와 민족을 위하여 개인의 희생을 강요하며 권력의 독점화를 통하여 독재자를 창조하였다. 독재자 및 독재적 권력층은 조국과 민족의 번영이라는 명분을 내세우며 반대세력을 폭력적인 방법으로 제거하고 국민들의 눈과 귀를 막고 인권을 유린하는 폭압적인 사회를 만들었다.

3. 조화의 세상으로 가는 길 – 사회민주주의

정치적으로 민주주의의 발전이 자본주의 사회의 모순과 불의를 극복할 수 있게 해줄 것인가? 만약에 그렇다면 민주주의는 약탈적 자본주의를 정의로운 자본주의로 변화시킬 수 있는 유일한 길이 된다.

반면에 *정치라는 것이 경제적 지배계급에 의해 장악되고 조작되는 것인가?* 만약에 그렇다면 민주주의란 단지 가면에 불과하고 정치권이란 경제적 지배계급의 꼭두각시로서 단지 경제적 지배계급의 이익에 봉사할 뿐이다.

상기의 두 가지 경우 중에서 어떤 것이 현대사회의 실체에 가까운 것인가를 고찰하는 것은 흥미로운 지적 작업이다. 그러나 현실의 세상은 복잡하고 다양한 모습을 보이고 있기 때문에 쉽게 결론이 도출되지는 않는다. 단지 오랜 세월의 작업을 통하여 도달한 결론은 전 세계적 차원에서 일반적인 성격을 갖는 것이 아니라 나라마다 다른 속성을 보이고 있다는 것이다. 대조적인 경우로서 서유럽, 북유럽과 미국을 비교해보면 상대적으로 명확한 차이를 발견할 수 있다. 서유럽, 북유럽의 경우 정치적 민주주의는 자본주의의 불평등과 불의를 획기적으로 약화시키는 역할을 한 반면에, 미국에서는 대자본이 정치를 지배하고 정치권은 대자본의 경제적 이익을 위해 봉사하는 사회 지배구조가 이루어져 있다. 미국사회에서 대자본에 의한 정치와 사회의 지배 및 그로 인한 사회적 불의와 모순은 미국의 석학 노암 촘스키의 많은 저작들을 통하여 널리 알려져 있다.[49] 오늘날 날로 심화되고 있는 미국 자본주의체제의 모순으로 인하여 양심적 지식인과 분노한 대중들의 비판과 공격이 거세지고 있음을 목격할 수 있다.

서유럽, 북유럽에서 탄생한 새로운 종류의 자본주의 사회에서는 잘 작동되는 민주적인 정치체제의 토대 위에서 자본주의적인 사회적 갈등이 조정되고 있다. 이들 나라들에서는 경제발전과 사회적 연대가 동반할 수 있도록 정부가 시장에 적절히 개입하고 있다. 이러한 토양 위에서 자유와 평등 그리고 정부와 시장이 조화롭게 꽃을 피웠다. 이로 인하여 일찍이 인류 역사에서 경험한 적이 없었던 최고의 사회가 출현하였는데, 이러한 사회는 사회민주주의라는 이념을 추구하는 사람들에 의해서 이루어졌다. 사회민주주의는 산업혁명 이후 서구사회가 경험한 자유주의, 마르크시즘 및 파시즘에 대한 비판과 대안으로서 출현한 것으로서, 19세기 이후 서구사회가 경험힌 숱한 모순과 길등을 딛고 태동한 새로운 이념이면서 체제이다.

사회민주주의는 평등성을 중시하는 점에 있어서는 19세기 사회주의자들의 영향을 받았지만 마르크스주의하고는 기본적으로 달랐다. 사회민주주의자들은 자본주의체제의 존속을 믿었고 또한 바랐다. 자본주의체제의 모순을 인식하고 있지만 그것은 자본주의의 폐기를 통

---

49) 노암 촘스키, 『누가 무엇으로 세상을 지배하는가』, 시대의 창.
　　노암 촘스키, 『세상의 물음에 답하다』, 시대의 창.

해서가 아니라 개선을 통하여 극복할 문제였다. 자본주의체제 내부에 모순을 극복할 수 있는 수단이 존재하고 있는데, 그것은 바로 정치였다. 달리 표현하면 민주주의라고 하는 정치체제가 그것을 가능하게 한다고 생각하였다. 따라서 그들은 마르크스주의의 특징인 계급국가론 및 정치의 경제에 대한 종속성을 부정하였고, 반면에 정치적 공간에서의 행위가 경제체제의 모순을 제거할 수 있다고 보았다.[50]

사회민주주의는 또한 자유주의와 크게 대조된다. 사회민주주의는 시장이 사회적 최선을 스스로 달성한다고 믿지 않았다. 물론 시장은 많은 경우 효율적일 수는 있지만 반면에 시장은 과도한 경제적 불평등, 불황과 실업, 불안정한 삶 등을 야기하기 때문에 바람직한 사회를 창조하기 위해서는 국가가 시장에 개입하여 조정해주어야 한다.[51]

또한 사회민주주의는 파시즘과도 크게 다르다. 물론 사회적 연대의 추구라는 입장에서는 흡사하지만, 사회민주주의는 자본주의체제의 모순을 극복할 수 있는 수단으로서 민주주의를 강조하기 때문에 정치적 독재를 추구하는 파시즘과는 기본적으로 다르다. 사회민주주의는 개인의 자유롭고 행복한 삶을 국가나 민족의 번영보다 중시하기 때문에 국가나 민족의 번영을 최우선으로 하는 파시즘과는 명확히 구별된다.

이념으로서 사회민주주의의 출현에 가장 큰 기여를 한 사람은 독일의 사회주의자 베른슈타인(Bernstein)이다. 독일사민당(SPD)의 지도적 인물 중의 하나였던 그는 19세기 말 마르크스주의를 추종하던 독일사민당의 노선에 의문을 제기하였다. 그가 제기한 의문은 마르크스

---

50) 한국사회민주주의연구회, 『세계화와 사회민주주의』, 사회와 연대.
51) 앤서니 기든스, 『제3의 길』, 생각의 나무.

주의의 생명줄이라고 할 수 있는 역사유물론에 관한 것으로, 구체적으로 역사유물론이 설명하는 자본주의의 몰락과 사회주의로의 이행은 설득력이 없다고 보았다. 그의 눈에 비치는 자본주의는 쉽게 위기에 빠지고 붕괴될 운명에 놓여 있지 않았다. 따라서 그는 자본주의 붕괴 후에 사회주의가 뒤따라 올 것이라는 생각을 할 수가 없었다. 이와 함께 베른슈타인은 마르크스주의가 주장하는 대로 자본주의가 프롤레타리아와 사회의 대다수 사람들을 궁핍하게 만들 것이라는 견해를 받아들일 수가 없었다. 이는 그가 1890년대에 획기적으로 증가하고 있는 사회의 부를 목격하였고 이와 함께 프롤레타리아의 궁핍화가 아닌 후생향상이 이루어지고 있음을 예리하게 인식하고 있었기 때문이다. 이런 사고와 통찰을 토대로 그는 사회주의자들의 당면과제를 제시하였다. 그것은 사회주의자들의 전략이 실제로는 발생할 확률이 거의 없는 자본주의의 붕괴에 토대를 두어서는 안 되고, 그 대신 기존의 자본주의사회를 좀 더 공정하고 평등한 사회로 만들기 위한 정치적 행위에 중점을 두어야 한다는 것이었다. 이와 함께 그는 사회주의자들의 당면과제로서 노동계급을 포함한 사회의 수많은 대중의 생활조건을 개선시키는 것을 목표로 제시히였디. 베른슈다인은 사회주의로 가는 길은 혁명을 통한 급진적 길이 아니라 개혁을 통한 점진적인 길이라는 것을 강조하면서, 동시에 민주주의는 심층적이면서 단계적인 개혁을 피 흘리지 않고 성취할 수 있는 가장 효과적인 도구를 제공한다고 말하였다. 그는 보통선거와 의회활동을 근대문명에 상응하는 높은 수준을 가진 투쟁의 방식으로 보았다. 또한 민주주의가 추구하는 자유와 평등은 바로 사회주의가 추구하는 이상이기 때문에 사회주의가 실현된 형태도 역시 민주주의라고 생각하였다.

정통 마르크스주의는 노동자들에게는 조국이 없고 다만 계급의 형제만 존재한다고 주장한다. 따라서 노동자들의 주된 연대 대상은 자국의 다른 사회집단이 아니라 타국의 노동자들이어야 하고, 세상을 바꾸기 위한 투쟁은 국경을 초월한다고 생각하였다. 하지만 19세기 말과 20세기 초에 세상의 현실은 마르크스주의자들의 생각과는 달리 현실정치에서 민족주의는 점차 더 큰 영향력을 행사하고 있었다. 당시 유럽국가들은 제국주의적 대외정책에 몰두하고 있었고, 대중들 역시 자국의 팽창에 환호성을 울렸다. 이러한 시대적 상황을 반영하여 베른슈타인은 정통 마르크스주의의 민족주의에 대한 경멸을 비판했다. 베른슈타인은 민족과 조국의 번영은 노동자들의 이익을 증가시킬 뿐만 아니라 민주주의와 사회주의는 민족국가의 틀 안에서 성취될 수 있다고 보았다.

베른슈타인의 이탈이 빚어낸 혼란과 동요 그리고 이념적 갈등은 셰리 버먼의 뛰어난 저작『사회민주주의와 20세기 유럽의 형성, 정치가 우선한다』에 상세히 설명되어 있다.[52] 20세기 초반에 들어서서 정통파 마르크스주의 추종세력과 베른슈타인의 견해에 동조한 이른바 "수정주의" 지지자들 사이에서의 이념적 투쟁은 독일, 프랑스, 이탈리아, 영국 등 유럽전역에서 가열되었지만 결국 사회주의 운동의 중심은 점차 베른슈타인을 향하여 이동하게 되었다.

---

52) 셰리 버먼, 『사회민주주의와 20세기 유럽의 형성 정치가 우선한다』, 후마니타스.

4. 조화를 이룬 사회 – 스웨덴의 사회민주주의

베른슈타인의 노선이 유럽사회주의 운동의 주류를 형성한 20세기 전반기에도 서유럽에서는 아직 베른슈타인의 사회민주주의에 뿌리를 둔 체제가 출현하지는 못하였다. 그런데 북유럽의 스웨덴에서만은 예외적으로 대부분의 사회주의자들이 새로운 사회민주주의 노선을 전폭적으로 수용하였고 이를 토대로 안정된 다수연합의 정권을 성립시킬 수 있었다. 스웨덴에서 이러한 현상이 출현한 것은 원래부터 스웨덴 사민당이 마르크스주의에 대하여 유연한 사고를 갖고 있었기 때문에 유럽 다른 나라의 사회주의자들 사이에서 나타난 격렬한 이념적 투쟁들로부터 자유로웠고, 전략변경에 있어서도 큰 산고를 겪지 않았기 때문이다. 또한 이는 스웨덴이 서유럽의 국가들에 비해서 민주주의의 발전이 더딘 나라였기 때문에 스웨덴에서 정치체제의 민주화는 개혁을 위한 수단으로뿐만 아니라 하나의 목적으로서 받아들여졌기 때문이기도 하다. 1917년 선거에서 스웨덴 사민당은 제1당이 되었고 자유당과 연합정부를 구성하였다.

1920~30년대를 거치면서 사민당이 추구하던 정치적 민주화는 성취되었고, 이후로 사민당 내부에서는 경제적 논쟁이 뜨겁게 일어났다. 그 중심에 놓인 것은 생산수단의 국유화와 경제의 성장이었다. 그러나 대다수 국민들의 생활을 향상시키는 것이 그 시절의 당면과제였기 때문에 경제성장의 문제가 더욱 큰 무게를 갖게 되었다. 그 밖에 자본가들의 경제적·사회적 지배력을 제한할 수 있는 방안도 수립되었다. 이는 기본적으로 *"사적 재산에 대한 사회적 통제는 늘리고 개인적 통제는 줄이는 점진적인 개혁"*을 의미한다.

대공항의 시대에 스웨덴 사민당은 일자리 창출 정책에 몰두하였다. 이는 "불황으로 곤경에 처하고 고통받는 모든 사람이—산업노동자와 농민 또는 육체노동자와 정신노동자를 구분하지 않고— 어떤 집단에 속하는지에 상관없이 보살펴야 할 책임을 국가는 갖고 있다"는 사민당의 지도이념에 뿌리를 두고 있다. 이 시절에 사민당은 노동자뿐만 아니라 약자들 그리고 나아가서 일반적인 국민에게 도움이 되어야 한다는 전략에 집중하였고, 이와 더불어 사민당은 점점 더 계급보다는 국민이라는 개념에 가깝게 정책적 중심을 이동하여 진정한 국민정당으로서의 지위를 강화해 나갔다.

대공황시대의 어려움을 극복하는 과정에서 얻은 경험을 기반으로 하여 사민당은 국가가 경제에 긍정적인 영향을 미칠 수 있는 힘을 갖고 있으며, 특히 위기를 막아내고 전체 시민의 복지를 보호하기 위하여 국가의 역할이 확대되어야 한다고 주장했다. 결과적으로 1936년의 선거에서 사민당은 사상 최고의 득표율을 획득하였으며 이후 스웨덴에서 사회민주주의가 본격적으로 꽃을 피우게 되었다.[53]

스웨덴의 경제학자이면서 사민당의 정치가인 잉그바 카를손의 탁월한 저작 『사회민주주의란 무엇인가?』에는 스웨덴 사민당이 추구한 이념, 정책 및 스웨덴의 정치적·경제적·사회적 현실들이 잘 설명되어 있다.

19세기에 거쳐서 스웨덴의 경제적·정치적·사회적 상황은 매우 낙후하였다. 자본가들의 착취가 극심하여 노동자들의 빈곤이 거의 극단적 수준에 이르렀고, 노동조합의 활동은 탄압을 받았으며, 투표권

---

53) 셰리 버먼, 『사회민주주의와 20세기 유럽의 형성 정치가 우선한다』, 후마니타스.

의 제한이 심하여 민주주의 발전은 뒤처져 있었다. 구체적인 예로서 회사에서 고용주는 임금, 노동시간, 그리고 기타 고용조건에 대하여 무제한의 권력을 행사했다. 또한 투표권을 가지려면 일정 수준 이상의 자산이나 수입이 요구되었는데, 대부분의 노동자들은 이 기준을 넘길 수가 없었다. 정치적 독재에 항거하는 사람들은 체포되어 재판받고 투옥되는 것이 일반적인 현상이었다. 그러나 20세기에 들어서면서 정치적으로는 투표권이 확장되고, 노동조합과 노동운동의 힘이 성장하여 노동자들은 임금과 노동조건의 문제에서 자본가들과 맞서서 자신들의 이익을 증가시킬 수 있었다. 이로 인하여 결국 생산수단의 국유화를 하지 않고서도 사회정의와 사회보장은 이루어질 수 있었다. 결론적으로 스웨덴의 사회민주주의체제는 생산수단의 국유화 없이도 권력의 축을 자본가에서 노동자로 이동시켰다. 이와 함께 자유, 평등, 경제적 안정 그리고 사회정의는 지구 상에 있는 어떤 나라에서보다도 많이 실현되었다.[54]

---

54) 잉그마 카를손, 『사회민주주의란 무엇인가』, 논형.

VIII.

국제사회의 조화

국제사회란 기본적으로 자국의 이익과 패권을 추구하는 민족국가들 사이의 투쟁의 장이라고 하는 국제정치학의 전통적인 가정은 아직도 유효하다고 할 수 있다. 예나 지금이나 국제질서는 기본적으로 개별국가들의 힘에 의존하고 있고, 세계화가 진행되고 지구 상의 대부분 국가들에서 민주주의가 실현되고 있는 오늘날에도 국제질서의 본질적인 속성은 바뀌지 않았다. 국제무대에서도 부조화의 시대가 있고 조화의 시대가 있다. 여기서 부조화란 하나의 초강대국이 패권을 행사하는 이른바 일극구조를, 그리고 조화란 몇 개의 강대국이 상호 경쟁하면시 힘의 균형을 이루는 다극구조를 의미한다. 국제무대가 일극구조에서 다극구조로 이행하는 것은 변하지 않는 세상의 순리이다. 인류역사 전체를 볼 때 국제무대가 일극구조로 되어 있었던 시대는 매우 드물었고, 설사 그런 시대가 있었다고 할지라도 오래가지 못하고 단명하였다. 대표적인 역사적 사례로서 유라시아 대륙을 통일한 몽고제국을 들 수 있는데, 실제로 몽고제국이 단극으로서 국제무대에서 영향력을 행사한 기간은 매우 짧다. 또한 유럽과 지중해 연안을 통일한 고대 로마제국이 단극으로서의 역할을 한 기간도 짧다. 그 밖에도 1800년대 초반 유럽대륙 전체를 지배한 나폴레옹의 제국도 단명하였다. 그리고 1990년대 이후 국제무대에서 단극의 역할을 한 미국 역시 쇠락의 길을 걷고 있다.

일극구조에서 다극구조로의 이행이 국제무대의 순리라는 것을 어떻게 설명할 수 있는가?

전통적인 시각에서 보면 일극을 형성한 초강대국의 힘이 상대적으로 쇠락하고 반면에 다른 강대국의 힘이 증대하는 현상이 발생하게 되는데, 이는 기본적으로 국가의 흥망성쇠에 의한 것이라고 볼 수 있다. 이러한 현상은 단극구조가 가지고 있는 불안전성에 기인한다. 우선 패권을 장악한 나라는 자신의 패권을 지키기 위하여 너무나 많은 자원을 동원하게 된다. 즉 초강대국은 자신의 영토가 방대할 뿐만 아니라 자신이 직접적으로 영향을 미치는 지역도 방대하기 때문에 이 지역 모두에서 자신의 지배력을 유지하기 위해서는 기본적으로 엄청나게 많은 인적·물적 자원이 투입되어야 한다. 또한 패권을 가진 나라에 대해서는 원래 도전세력도 많고 원한을 가진 세력도 많은 법이기 때문에 기존의 국제질서를 수호하기 위해서는 많은 자원이 동원되어야 한다. 이런 이유들로 인하여 국력은 점차 소진하게 된다. 고대 로마제국의 경우 게르만족, 훈족, 페르시아 등 이민족들의 침략과 도전에 만성적으로 시달렸고 결국 이로 인하여 크게 쇠락하였다. 미국 역시 해외전쟁에서의 과다한 군비지출로 인하여 재정적자가 한계에 이르렀고 결국 최근 군축을 시작하였다. 이로 인하여 차후 미국의 해외 군사 활동은 크게 위축될 것으로 보인다.

만약에 도전세력이 연합적인 형태로 출현하게 되면 결국 패권을 포기할 수밖에 없다. 이런 경우는 일반적으로 초강대국이 자신의 힘을 과신하여 국제무대에서 독불장군식의 행위를 할 때 흔히 발생한다. 역사상의 대표적인 사례로서 나폴레옹 제국의 몰락을 들 수 있다.

초강대국의 쇠락에는 내부적 요인도 중요하다. 일반적으로 초강대국의 국민에게 나타나는 과도한 자만심, 나태하고 향락적인 삶, 부패 및 사회적 불평등은 경제적·사회적 모순을 창조하여 결국 국가적인 쇠락을 초래하게 된다. 고대 로마사회의 후기에 나타난 부패와 향락, 나태함, 빈부격차, 도덕적 붕괴는 많은 역사가들의 저술을 통해서 너무도 잘 알려져 있다.

모든 위대한 제국과 마찬가지로 로마제국은 외부의 적에 의해서 무너진 것이 아니라 내부의 문제들로 인해서 스스로 붕괴된 것이다.[55]

몽고제국의 경우 원나라 말기 관료와 지주층의 향락과 부패 그리고 이를 뒷받침한 농민에 대한 가혹한 착취로 인하여 사회정의는 실종되었고 유랑민과 도적떼가 들끓고 농민의 반란이 빈번하게 일어났다.

로마제국과 몽고제국은 모두 국민들이 용맹하고 전쟁을 잘하여 대제국으로 성장하였지만, 번영의 시대를 지나면서 국민들이 향락만을 좋아하고 나태한 겁쟁이로 변하였다. 로마의 남성들은 군복무를 거부하여 국방의 임무는 대부분 이민족들이 담당하고 있었다. 또한 원나라 말기에 이르면 중국에 거주하는 몽고인들은 전쟁을 할 줄 몰랐고

---

55) 인드로 몬타넬리, 『로마제국사』, 까치.

또한 전쟁을 두려워하여 몽고인이 주축이 된 원나라 군대는 농민반
란군을 보면 도망가기에 바빴다.

오늘날 미국사회 역시 미국의 저명한 학자들에 의해서 널리 비판
되고 있다. 특히 미국의 석학 제레미 리프킨이 『유러피언드림』에서
지적하고 있듯이 19세기 근면과 절제를 의미했던 아메리칸 드림은
오늘날 미국의 젊은이들에게는 행운과 뻔뻔스러움을 추구하는 것으
로 변질되었다. 그의 이야기를 계속 들어보자.

*"2002년에 미국인 열 명 가운데 일곱 명은 어떤 형태로든 합법적
도박을 했다. 2003년에는 미국인의 57%가 복권을 구입했으며 31%가
카지노에서 도박을 했다. 지난 10년 동안 미국의 도박산업은 연간 9%
씩 성장했다. 도박이 미국의 전체 경제보다 훨씬 빨리 성장했다는 뜻
이다. 도박은 미국의 국가적인 오락으로 급속히 자리 잡고 있으며 많
은 미국인들의 경우 거의 중독 증상을 보이고 있다."*[56]

또한 국가의 분열도 초강대국의 힘을 약화시키는 요인이 된다. 예
를 들면 고대 로마제국은 서로마와 동로마로 분열되었고, 몽고제국은
중국에 본거지를 둔 원나라와 그 밖의 4개의 칸국으로 분열되었다.
초강대국의 분열은 그들이 가진 방대한 영토와 지정학적인 이질성으
로 말미암아 대부분 피할 수 없는 사건이 된다.

결국 외적·내적인 여러 요인이 작용하여 한 개의 초강대국이 패
권을 장악하는 단극구조는 오래가지 못하고 단명하게 되어 있다. 이

---

56) 제레미 리프킨, 『유러피언드림』, 민음사.

는 고대 로마제국, 몽고제국, 나폴레옹제국 그리고 오늘날 미국의 경우에서 입증되고 있다. 결과적으로 국제사회는 다수의 국가들이 상호 견제하고 경쟁하는 시대로 이행하게 되며 이러한 상태가 바로 조화의 세상이다. 인류역사 대부분 시기에 국제질서는 이러한 상황을 유지하였고, 이런 상황에서 잠시 벗어나게 되면 머지않아서 다시 환원하였다.

이러한 종류의 변화과정을 자연계에서도 발견할 수 있다. 지각운동에 의해서 지표면의 어느 곳이 주위보다 너무 높게 솟아오르면 비와 바람에 의한 침식활동이 활발해지고 그로 인하여 솟아오른 지역은 점차 낮아져서 주위와 조화를 이루게 된다. 결국 자연의 이치와 인간세상의 이치는 일치한다는 것을 알 수 있다.

IX.

역사전개의 순환성

　　"*세상은 돌고 돈다*"는 말을 주위에서 흔히 들을 수가 있다. 이때의 "돌고 돈다"는 말이 의미하는 것은 개인적 차원에서 인생의 순환을 이야기하는 것이 되기도 하지만, 국가적 또는 사회적 차원에서의 순환을 이야기하는 것이 되기도 한다. 지금부터 이야기하려 하는 것은 국가적 또는 사회적 차원에서 역사의 순환성이다. 이런 의미에서 "역사는 돌고 돈다"라고 하면 더욱 적절한 표현이 될 것이다.

1. 문명의 순환 - 아놀드 토인비

　　아놀드 토인비의 역사관은 문명의 순환을 설명해준다.

　　토인비의 역사연구에서 연구의 단위는 민족국가가 아니고 그렇다고 인류도 아니며, 우리가 사회라고 명명한 어떤 종류의 인간집단이라는 데 의견이 일치한다. 여기서 말하는 인간집단은 흔히 문명이라고 표현된다. 문명이라는 것 역시 개인이나 국가의 경우처럼 홍망성쇠를 하고 있는데 현재 존재하고 있는 문명으로서 서구기독교사회, 정교기독교사회, 이슬람사회, 힌두사회 및 극동사회는 모두 지난 세월 흥망성쇠의 결과물이며 지금도 역시 그 과정 속에 놓여 있다고 할 수 있다. 생명체의 삶과 마찬가지로 문명도 탄생하고 성장하고 노쇠하고 소멸된다. 또한 문명의 발전과정은 일정한 속도로 진행되는 것이 아니라 운동-정지-운동이라는 식으로 정(靜)과 동(動)이 교대로 나타나는 리듬을 겪으면서 나타난다.

토인비의 역사관을 흔히 순환사관이라고 하는데, 그는 역사를 고찰함에 있어서 문명을 단위로 하며 동시에 문명의 순환을 설명하고 있다. 그러나 그는 문명의 흥망성쇠를 생물학적 내지 천체학적으로 설명하지 않았다. 그에게 있어서 문명의 발생과 성장 그리고 쇠퇴를 결정하는 요인은 이른바 "*도전과 응전*"이다. 여기서 도전이란 환경이 주는 시련이라고 할 수 있고 응전이란 이러한 시련에 대응하는 인간의 창의력이다.

토인비는 자신의 명저 『역사의 연구』에서 오늘날 우리가 알고 있는 대표적인 고대문명은 자연환경의 도전에 대한 인간들의 창의적인 대응으로 인하여 출현하였음을 설명하고 있다.

지금으로부터 약 1만 년 전 마지막 빙하기가 끝나기 이전에 북아프리카와 중동지역은 나무가 군데군데 서 있는 초원지역이었다. 이 시절 이 지역 사람들은 수렵생활을 하며 살아가고 있었다. 그런데 빙하기가 지나면서 이 지역은 건조한 기후로 바뀌게 되고 이전에 수렵생활을 하던 주민들에게는 다음과 같은 선택의 길이 열리게 되었다. 첫 번째는 익숙해진 이전의 기후대가 북쪽으로 이전하는 것과 함께 북쪽 또는 남쪽으로 이동하든지 아니면 지금까지 살던 곳에 계속 머물고 건조에 견디어가면서 새나 짐승을 잡으며 비참한 생활을 이어가든지 그도 아니면 지금까지 살던 곳에서 동물을 사육하고 농사를 지음으로써 환경에 대한 의존도를 변화시키든지 그도 아니면 마지막으로 건조화의 도전에 대하여 거주지와 생활양식 양쪽을 모두 다 변경함으로써 응전하든지였다. 이 마지막 대응방식은 가장 적절하며 동시에 가장 적극적인 대응이었고, 이 방식을 선택한 집단은 미개사회로부터 이집트 문명과 수메르 문명을 창조한 동적인 행위자가 되었다. 초원에서 이주해온 사람들은 나일, 티그리스, 유프라테스 강 유역에 정착하여 완전한 경작자로 변모하였다. 이들 영웅적인 개척자들은 용감하게 강 유역 골짜기 밑바닥의 일찍이 아무도 발을 들여놓은 적이 없는 늪지에 뛰어들어 농사를 짓기 시작하였다. 그런데 결과적으로 그 모험은 개척자들이 품은 어떤 낙관적인 기대보다 더욱 굉장한 성공을 가져다주었다. 일정한 형태를 갖추지 못하고 있던 정글 늪지대는 모습을 갖추게 되고, 정연하게 배치된 수로와 제방과 밭이 나타났다. 황무지는 개간되어 이집트와 시나이의 국토로 조성되었고, 그 위대한 모험을 발판으로 이집트사회와 수메르사회가 시작되었다. 이러한 현상은 문명의 발생이라고 불릴 수 있는 것이었다. 중국 황하문명의 발생 역시 유사한 경우를 보여주고 있다. 인간이 중국문명의 요람으로 바꾸어놓은 황하유역의 황무지에는 늪지와 숲과 홍수의 시련 이외에도 여름철의 폭서와 겨울철의 혹한이라는 두 극단 사이를 오가는 기온의 시련이 첨가되어 있었다. 중국문명의 시조들은 남쪽 및 남서쪽에 있는 황하에서 브라마푸르트 강에 걸쳐, 그리고 티베트고원에서 중국해에 걸쳐 있는 광대한 지역의 주민과 인종적으로 다를 바가 없었다. 그러나 이 넓은 지역에서 생활하는 다른 종족들이 문화적으로 불모 상태에 머무르고 있을 동안 유독 황하유역의 종족들만 문명을 창조했다는 것은 바로 황하유역에 거주하는 종족들이 환경의 도전을 겪었고 이로 인하여 창조적 능력이 발휘된 것이라고 볼 수 있다.

환경의 도전과 적절한 대응으로 인하여 발생한 문명이 저절로 계속적인 발전을 이루는 것은 아니다. 도전당한 인간에게 단 한 번의 성공적인 응전을 시킬 뿐만 아니라 나아가 한 발짝씩 전진할 수 있도록 자극하고, 한 가지 문제가 해결되면 다른 문제가 제기되는 이른바 최적도의 도전이 연속적으로 발생하는 경우에만 문명은 발전한다. 만약에 도전의 정도가 최적도보다 훨씬 강한 가혹한 수준으로 다가오면 문명은 성장하지 못하고 결국 발육이 중단된 문명이 된다. 이런 경우의 대표적인 사례로서 에스키모, 폴리네시아인 및 중앙아시아 유목민 등을 들 수 있다.

문명을 한 발짝씩 전진하게 하는 최적도의 도전이 연속적으로 출현한 역사적 사례를 그리스문명의 발전과정에서 발견할 수 있다. 발생한 지 얼마 되지 않는 그리스문명이 직면한 최초의 도전은 혼돈과 태곳적 암흑이었다. 부모문명인 미노스사회는 해체되고 고도(孤島)에 남게 된 미노스인, 좌초하여 꼼짝할 수 없게 된 아카이아인과 도리아인, 이런 식으로 혼돈된 사회적 잔해를 뒤에 남겼다. 그러나 이러한 혼돈이라는 최초의 도전은 훌륭하게 극복되었는데 그 결과는 그리스를 촌락의 세계가 아니라 도시의 세계, 목축의 세계가 아니라 농업의 세계, 무질서의 세계가 아니라 질서의 세계로 만들었다. 그리고 다시 두 번째의 도전에 직면하게 되었는데 그것은 농업생산력에 비하여 과도하게 증가한 인구였다. 이러한 도전에 직면한 그리스사회는 해외에 새로운 영토를 획득하는 방식으로 대응하였다. 이로 인하여 그리스에서는 전쟁기술과 정치적 술책이 매우 발전하게 되었다. 결과적으로 그리스인들은 이탈리아반도의 끝과 시칠리아 섬 그리고 에게 해의 북쪽 해안에 식민지를 건설하였다. 그러나 이러한 성공은 또 다른 도전을 자초하게 되었는데, 이는 다른 지중해 민족이 그리스인으로부터 차용한 기술과 무기를 사용해서 그리스인의 침공에 저항하게 된 사건이었다. 이로 인하여 기원전 8세기에 시작된 그리스사회의 팽창은 기원전 6세기 중엽에는 정지되고 말았다. 그러나 그 당시 그리스사회는 여전히 인구과잉의 도전에 직면하고 있었다. 이러한 도전에 대한 새로운 응전은 아테네에서 시작되었다. 아테네인은 그리스사회의 발전을 "밖으로 퍼져가는" 과정으로부터 "안으로 집중하는" 과정으로 전환하게 되었고, 또한 다른 그리스 도시국가들에 그것을 가르쳤다. 이러한 과정은 그것이 무엇이든 하나의 성공이 달성되면 거기에서 더욱 큰 노력을 필요로 하는 무엇인가가 발생하는 경우를 의미하게 된다.

그리스, 로마문명을 계승하여 발생한 서구문명 역시 외부로부터의 연속적인 도전에 대응하면서 발전하였다. 서구사회가 초기단계에 경험한 가장 큰 도전은 외적의 침략이었다. 스페인으로 아랍인들이 쳐들어와서 이후 서구사회를 계속적으로 위협하였다. 또한 스칸디나비아인(바이킹)들의 침탈이 계속되었고 이후 동쪽에서부터 오스만 터키의 공격이 여러 번에 걸쳐서 대규모로 발생하였다. 이러한 도전 속에서 서구사회는 발전하였고, 그 뒤로 근대 서구사회는 세계적인 팽창을 이룩하였다.

어느 정도 성장의 과정을 거친 문명은 쇠퇴를 시작하게 되는데, 쇠퇴의 원인은 일반적으로 볼 때 창조적인 개인이나 소수자의 정신적 창조력의 상실, 즉 비창조적 대중의 정신을 강화할 만한 마술적 능력의 상실이라고 할 수 있다. 창조가 없는 사회에는 모방도 없다. 어떤 사회에서 창조적 소수자가 더 이상의 창조력이 없이 단지 지배적 소수자로 퇴락하게 되고, 그들이 그 지위에 적합한 자격이 없이 애써 그 지위만을 유지하려 할 때 그 사회의 번영에 종지부를 찍는 첫 번째 요인이 발생한다. 이와 함께 지배계급의 성격변화는 그 반대편에서 그들에 대한 순종을 거부하는 피지배계급을 창조하게 된다. 결국 문명 쇠퇴의 요인을 정리하면 소수자의 창조적 능력의 상실, 이로 인한 다수자 측의 모방의 철회 그리고 그 결과로 발생하는 사회 전체의 통일을 구성하는 부분 상호 간의 조화의 상실 등의 세 가지로 요약될 수 있다. 특히 사회 전체를 구성하는 부분 상호 간에 있어서 조화의 상실은 사회 전체가 자신의 능력을 상실하게 하는 결과를 초래하는데 이것이 쇠퇴의 궁극적 요인이 된다. 이에 해당하는 역사적 사례로는 고대시대의 헬라스문명(그리스문명을 계승한 로마문명)의 쇠퇴와 근대에 발생한 중국문명(명, 청)의 쇠망에서 발견할 수 있다. 특히 중국은 고대와 중세에 번영하다가 근대에 들어서 극적으로 쇠락한 문명이라고 할 수 있다. 이러한 쇠락을 설명할 수 있는 가장 설득력 있는 원인은 유교로 무장된 귀족관료층이 자신들의 신분적 특권을 유지하기 위해 일체의 사회적 변화를 거부하고 보수화되었으며 이로 인하여 사회 전체의 창의력이 쇠퇴한 것이라고 할 수 있다. 기본적으로 명나라에서 본격적인 쇠락을 시작했고 이후 명나라를 무너뜨리고 중국을 지배하게 된 청나라 역시 비록 만주족이 정복자이기는 했지만 사회지배구조, 사회제도 및 문화에 있어서는 명나라를 계승하였기 때문에 몰락하고 있던 중국문명의 운명을 돌려놓을 수가 없었다.

토인비가 설명하는 문명의 흥망성쇠에서 주목해야 될 부분은 문명의 흥망성쇠가 외적의 침입과 같은 외부의 압력에 의해서 이루어지는 것이 아니라 그 사회 내부의 조건에 의해서 결정된다고 하는 것이다. 즉 성장하는 문명에서 외부의 압력은 성장을 방해하는 것이 아니라 오히려 성장을 자극하는 역할을 한다. 또한 외적의 침입에 의해 쇠망한 것처럼 보이는 경우에도 실제로는 이미 내부적 요인에 의하여 쇠망하고 있는 문명이 외적의 공격에 의하여 단지 수명이 약간 당겨진 것이라 볼 수 있다. 즉 산소호흡기에 의존하고 있는 환자의 산소호흡기를 떼어놓는 것이 된다. 게르만족의 침입에 의해서 멸망한 서로마제국이나 서구의 침입에 의해 붕괴된 중국이 대표적인 사례인데, 서로마제국 역시 이미 쇠락하고 있던 문명이었으며, 명나라, 청나라를 거치면서 중국문명 역시 쇠락하고 있었기 때문에 외적의 침략은 쇠락하고 있던 두 문명의 수명을 단축하는 역할을 했다고 할 수 있다.

결국 토인비의 문명순환 역사관에서 문명의 흥망성쇠는 외적의 침입과 같은 우연적 요인, 생물학적인 생로병사, 계절의 순환과 점성술에 의존하는 천체학적인 요인들에 의해서 발생하는 것이 아니라 사회 내부에 존재하는 창의력과 계층 간의 조화와 같은 요인에 의해 발생하는 것으로서 설명되고 있다.[57]

2. 강대국의 흥망 – 폴 케네디

상기에서 소개한 토인비의 순환역사는 역사고찰의 단위를 문명으로 하고 문명의 순환을 설명하였다. 그러나 가장 흔히 접할 수 있는 역사서에서 역사의 고찰방식은 민족사 또는 국가사라고 할 수 있다.

---

57) 아놀드 토인비, 『역사의 연구』, 흥신문화사.

이러한 고찰방식은 세계가 민족국가 단위로 구성되어 있는 근현대의 국제정치체제에 가장 적합하다고 할 수 있다. 근대유럽에서 발생한 국가들의 흥망성쇠는 많은 사람들이 관심을 갖고 있는 흥미로운 연구분야이다. 그것은 근대 세계사는 유럽의 국가들이 발흥하여 그 영향력을 전 세계로 확대시킨 시대적 특징을 보이고 있기 때문이다. 16세기 이후 유럽에서는 줄기찬 경제발전과 기술혁신을 토대로 상업적·군사적 선진국이 꾸준히 출현하였다. 따라서 이러한 현상의 원인을 둘러싸고 학자들 사이의 논쟁이 뜨거웠고, 이 분야에서 훌륭한 식견을 보인 많은 저술들이 출현하였다. 그중에서 "폴 케네디"가 저술한『강대국의 흥망』은 방대한 자료를 토대로 한 가장 포괄적이고 체계적인 저술 중의 하나로서 많은 사람들의 관심을 불러일으켰다.

1500년 이후 근대유럽에서 강대국들이 새롭게 출현하고 쇠퇴하는 과정이 극적으로 나타남으로써 국가 흥망성쇠의 원인에 관한 고찰은 많은 관심을 불러일으켰다. 물론 국가 흥망성쇠의 원인은 매우 복잡하고 나라마다 다른 특성을 보이고 있다. 역사적 사건의 인과관계를 고찰함에 있어서 일반성을 보이는 부분이 존재하고 동시에 특수성 또는 우연성이라고 볼 수 있는 부분이 존재하게 된다. 그중 여기서 말하려고 하는 부분은 일반성인데, 일반성을 과학성 또는 필연성이라고 표현할 수 있다. 근대유럽에서 경제적·정치적 영향력이 작은 나라가 특정시대에 비약적인 발전을 해서 결국 정치적·경제적 영향력이 큰 나라 이른바 강대국으로 출현하게 한 일반적인 요인으로서 해외무역의 발전, 기업가정신의 충만, 효율적인 제도(조세제도, 금융제도, 관료제도, 군사제도, 교육제도) 등을 들 수 있다. 이상의 요인들이 어느 나라에서는 전부 작용하였고, 다른 어떤 나라에서는 그중 일부의 요인이 중요한 역할을 하였다. 또한 상기의 요인들이 가급적 많이 작용한 나라일수록 국가의 번영 정도가 더 크게 나타났으며, 상기의 요인이 오래 지속될수록 국가의 번영 기간이 더 길었다.

반면에 어떤 시대에 도달하면 번영하던 나라가 쇠퇴를 시작하게 되는데, 국가 쇠퇴의 요인에도 역시 일반적인 속성을 가진 것이 있고, 특수하고 우연적인 속성을 가진 것이 있다. 여기서 일반적인 요인이라고 하면 영토적 또는 군사적인 과잉팽창, 낙후한 제도와 개혁의 실패 그리고 기업가정신의 쇠퇴를 들 수 있다. 이들 쇠락의 요인은 개별적으로 혹은 함께 작용하였는데, 함께 작용한 나라일수록 쇠락은 그 정도가 크고 극적으로 나타났다.

주목할 부분은 어떤 요인에 의해서건 빠른 성장을 통하여 강대국이 된 나라가 시간의 흐름에 따라서 외부적이고 우연적인 요인이 아니라 바로 스스로의 내부적 요인에 의해서 쇠퇴의 과정을 겪게 된다는 것이다. 일반적으로 볼 때 기업가정신은 한 나라가 부유해질수록 감소하는 경향을 보이게 된다. 그것은 최초에는 기업가정신이 충만하여 셀 수 없이 많은 어려움을 극복하며 부를 획득한 사회에서는 시간이 지남에 따라 부유한 집단이 갖는 일반적 속성으로서 안락한 삶을 선호하여 쉽게 돈벌이를 하고 싶은 욕구가 발생하고 이는 그 사회구성원 대부분의 일반적 경향으로 발전한다. 예를 들면 부동산이나 금융자산에 대한 투기, 고리대금업, 향락산업 등에 대한 투자가 인기를 끌게 된다. 이런 사회에서는 상공업분야에서의 새로운 시도와 창의력이 약화되면서 경제발전이 침체하고 결국 국력이 쇠락한다.

또 다른 요인으로서 제도의 효율성을 통하여 설명하는 것도 가능하다. 처음에는 효율적이었던 제도들이 시간이 지나고 사회의 환경이

바뀜에 따라서 낡고 비효율적인 제도로 변화된다. 이런 경우 그 사회의 번영이 계속되기 위해서는 비효율적인 제도를 뜯어내서 효율적인 제도로 바꾸는 과정 이른바 "개혁"이 필요하게 된다. 그러나 오랜 세월 번영을 누린 사회는 여러 가지 이유로 인하여 개혁에 성공하기 어렵다. 대표적인 요인으로서 이미 안락한 삶에 길들여진 보수적인 지배층이 개혁으로 인하여 자신들의 기득권이 사라지는 것에 대해 극도의 거부감을 보인다. 따라서 사회 전체적으로 개혁의 필요성에 대한 공감대의 형성이 어려워지게 된다.

또한 정치적인 이유로 인하여 개혁의 주도세력이 분명한 모습으로 출현하지 않는 경우가 많이 있다. 이런저런 이유로 인하여 개혁을 이루기는 현실적으로 어렵다. 인류역사 전체를 볼 때 개혁의 필요성이 명백함에도 불구하고 실제로 개혁에 성공하는 경우는 드물다고 할 수 있다.

필요한 개혁이 이루어지지 않을 경우 국력은 점차 기울기 시작한다. 그 밖에도 영토적·군사적 과잉팽창 역시 쇠락의 원인으로 작용한다. 번영하는 국가는 일반적으로 넘치는 자신감과 끝없는 욕망으로 인하여 대외팽창을 선호하게 되는데, 과도한 팽창은 결국 너무 많은 군비지출을 초래하여 자신의 경제력으로는 감당할 수 없는 수준에 이르게 된다. 과도한 군비지출로 인한 재정압박은 다양한 방법으로 경제에 악영향을 주게 되고 이로 인하여 정상적인 경제가 발휘할 수 있는 활력을 빼앗게 된다. 나라마다 상이한 모습을 보이기는 하지만 국가의 흥망성쇠에는 어느 정도의 일반적인 법칙이 작용한다. 또한 번영의 기간이 길고 번영의 정도가 더할수록 그 사회의 내부에 쇠락을 야기하는 요인이 함께 성장하여 결국 어느 시점에 도달하면 번영의 시기는 막을 내리고 국력은 기울기 시작한다고 할 수 있다. 따라서 국가의 흥망성쇠는 생명체의 생로병사와는 다른 속성을 가졌지만 필연성을 보이는 것도 사실이다.

이제 구체적으로 1500년 이후 유럽에서 발생한 강대국들의 흥망성쇠과정을 구경해보자.

1) 스페인

1500년경부터 약 150년간 유럽의 최고 강자는 스페인이었다. 스페인은 15세기 후반에 이베리아반도에 있던 이슬람교도를 몰아내고 두 개의 강력한 기독교왕국(카스틸랴, 아라곤)의 군주인 카스틸랴의 여왕 이사벨과 아라곤의 왕 페르난도가 결혼의 형식으로 결합하여 이후 통일왕국의 시대로 들어간다. 바로 이때 정략결혼과 상속이란 방식으로 영토 확장에 몰두하던 오스트리아의 왕이면서 신성로마제국의 황제를 겸하던 합스부르크왕가의 막시밀리안 1세의 아들 필립이 스페인의 왕녀 후아나(페르난도와 이사벨 사이에서 출생)와 결혼했고, 그들 사이에서 태어난 큰아들 카를은 스페인의 왕이면서 동시에 오스트리아의 왕 및 신성로마제국의 황제를 겸하게 되었다. 이는 결국 합스부르크왕가가 스페인을 통치하게 되었음을 의미한다. 참고로 근대 민족국가 출현 이전 유럽의 정치에서 국가의 영토는 왕가의 소유물로 간주되었고, 따라서 영토를 늘리거나 빼앗기는 것은 왕가들 사이에서 발생하는 전쟁 및 상속의 결과물이었다. 당시 합스부르크왕가는 오스트리아, 스페인, 베네룩스지방, 중남부이태리, 헝가리, 아메리카 등의 엄청난 영토를 통치하고 있었다. 합스부르크왕가의 통치시대에 스페인은 유럽에서 가장 강대한 국가였다. 그 시대 스페인의 번

영은 기본적으로 유럽의 2대 상업지역인 이탈리아와 베네룩스지방이
모두 합스부르크에 귀속되어 있음으로써 합스부르크영토 내에서 무
역이 활발하였고, 게다가 신대륙과의 교역에서 엄청난 수익을 올리고
있었기 때문이다. 특히 아메리카에서 파낸 금, 은 및 아메리카산 재화
는 스페인 부의 가장 주된 원천이었다. 개인의 손에 들어가는 아메리
카산 재화는 스페인인들이 그들에게 부과되는 날로 증가하는 세금을
내는 데 도움이 되었으며, 또한 스페인의 왕은 비상시에 아메리카의
은을 수송하는 함대가 도착하면 갚는다는 조건으로 은행가들에게 거
금을 차용할 수 있었다.

군사적으로 볼 때 스페인은 매우 강한 보병을 대규모로 양성하였
는데 이는 카스틸랴지역의 사회구조와 정신적인 분위기로 인하여 가
능하였다. 당시 카스틸랴지역에서 군인은 누구에게나 인기 있는 직업
이었기 때문이다.

그 밖에도 합스부르크의 다른 영토인 오스트리아, 이탈리아 및 네
덜란드에서도 손쉽게 군인을 모집할 수 있었다. 이러한 좋은 모병조
건에다가 아메리카산 금, 은 및 합스부르크영토 안에 있는 많은 금융
중심지로부터의 차입가능성까지 합하여 스페인은 유럽에서 가장 강
한 군사력을 보유할 수 있었다.

스페인은 경제적·군사적 우위를 토대로 팽창을 계속하였다. 이탈
리아 북부지방을 정복하기 시작했고 프랑스의 일부지역을 침공하였
다. 또한 엘리자베스 1세 통치하의 영국을 침공하기 위하여 무적함대
를 보냈다. 그리고 1580년에는 포르투갈을 합병하였다. 지중해에서
오스만제국과의 대결을 위하여 대규모 함대를 건조하였으며, 서인도
항로와 인도양항로를 보호하기 위하여 대규모함대를 파견하였다.

  그러나 이러한 스페인의 군사적·영토적 팽창주의는 스페인의 몰락을 초래하게 된다. 그것은 이 시대 군사혁신에 의하여 전비가 날로 치솟는 상황에서 스페인이 너무 많은 전쟁에 참전함으로써 재정파탄이 발생했기 때문이다. 셀 수 없이 많은 소규모 전쟁은 불문하고라도, 네덜란드독립전쟁, 30년전쟁, 오스만터키와의 20년에 걸친 지중해전쟁, 엘리자베스 1세 치하 영국과의 전쟁 등 큰 전쟁 역시 끊이지 않았다. 이로 인하여 스페인의 왕은 자신의 경상수입이나 특별수입으로는 도저히 지출을 감당할 수 없게 되어 은행의 대부에 의존하게 되었다. 특히 엘리자베스 1세 치하 영국을 침공하기 위한 무적함대건설에 당시로서는 천문학적인 자금을 투입하였는데, 이 함대가 무참히 무너지면서 스페인의 재정과 해군 역시 무참하게 무너졌다. 결국 1596년 당시 스페인의 왕 펠리페 2세는 고금리로 대부를 얻은 후 사실상 파산선고를 하였다. 왕가의 신용이 점차 무너지면서 대부조건은 점점 불리해져서 금리가 천정부지로 치솟았다. 결국 왕가 총수입의 대부분을 써야만 부채의 이자지불을 충당할 수 있었다. 이러한 재정문제는 스페인의 대외정책에 영향을 미쳐서 네덜란드의 독립을 막기 위한 전쟁에서 점차 손을 떼려 했고, 이를 위해 1609년 네덜란드와의 휴전을 성립시켰다.

  네덜란드와의 전쟁이 끝난 후에도 스페인의 정부지출은 실질적으로 줄지 않았는데, 이는 오스만 터키와의 긴장관계로 인한 지중해 연안의 방어와 필리핀 및 카리브해 지역에서 해적들의 약탈로부터 제국의 부를 지키기 위한 방어의 필요성 때문이었다. 게다가 설상가상으로 1618년에 신교와 구교의 갈등으로 인하여 30년전쟁이 발발했다. 이후 30년간에 걸쳐 벌어진 전쟁에서 스페인왕실은 계속 채권을 발행하고 새로운 세금을 부과하며 아메리카로부터 공급되는 재화를 쏟아 부어야만 하였다. 이러한 밑 빠진 독에 물 붓기 식의 전비투입은 스페인의 몰락을 재촉하였다. 왕가의 재정파탄으로 인하여 조세징수가 과도해졌으며, 귀족층이 거부하는 조세부담은 주로 상공업자에게 전가되어 상공업자들은 과도한 조세부담을 지게 되었다. 이는 결국 상공업의 발전을 가로막아 국가의 경제력을 고갈시키게 되었다. 또한 왕가의 파산으로 인하여 왕가에 대부해준 금융가들이 도산하게 되었고 이로 인하여 금융시장이 피폐해지고 금리가 치솟았다. 이 역시 경제발전에 매우 큰 악영향을 주었다. 따라서 스페인의 결정적인 몰락 원인은 강력한 군사기구에 대한 경제적인 뒷받침의 중요성을 망각한 데 있었다고 할 수 있다.

결국 스페인은 영토적·군사적 과잉팽창으로 인하여 몰락한 대표적인 사례가 되었다. 이는 한편으로는 많은 영토를 거느리고 있는 대국은 필연적으로 많은 적들과 대치해야 하는 숙명을 보여주는 것이라고 할 수 있으며, 다른 편에서는 번영하는 국가에서 흔히 발생하는 지나친 자신감으로부터 유래한 과욕의 부산물이라고 볼 수 있다.

2) 네덜란드

네덜란드는 합스부르크왕가의 오랜 통치로부터 독립한 인구와 영토가 보잘것없는 나라로부터 시작하여 거의 1세기 만에 유럽의 강대국으로 부상하였다. 1560년경 이후로 네덜란드를 통치하던 합스부르크 스페인의 왕 펠리페 2세의 신교도에 대한 종교탄압정책과 과도한 세금징수로 인하여 스페인의 통치에 대한 네덜란드인의 불만이 국지적인 반란의 모습으로 나타났다. 이후 1580년대에 들어서면서 스페인의 통치에 대한 네덜란드 신교도들의 국지적인 반란이 전면전으로 확대되고 나아가 영국과 프랑스가 가담하는 국제분쟁으로 변모되었다. 스페인으로부터 독립하기 위하여 길고 비용이 많이 드는 전쟁을 치른 바람에 네덜란드의 경제가 많은 타격을 받기는 했지만, 1609년 스페인과 휴전하고 사실상 독립한 이후 경제는 비약적으로 발전하기 시작하였다.

네덜란드가 번영하게 된 이유 중에서 가장 중요한 것은 활발한 기업가정신을 가진 사람들이 많이 출현했다는 점이다. 인구의 자연적 증가와 더불어 수십만의 사람들이 유럽 곳곳으로부터 밀려들어 왔는데, 이들 이민의 대다수가 우수한 숙련노동자, 교사, 기술자와 자본가였다. 특히 암스테르담은 국제무역의 중심지로서 국제무역으로 성공하고자 하는 사람들의 집결지가 되었고, 그곳에는 무역을 뒷받침하는 모든 설비와 제도가 갖추어져 있었다. 네덜란드의 화물선은 1600년경부터 유럽 무역수송의 대부분을 장악했는데, 목재, 식량, 직물, 소금 및 청어는 거의 어느 항로에서든 네덜란드 선박이 실어 날랐다. 또한 암스테르담의 상인들은 모험을 걸 만한 이윤이 있다 싶으면 지구 상의 어디든지 설령 그곳이 적국이라고 할지라도 물자를 공급했다. 네덜란드 본국에는 원료가 대량으로 수입되어 암스테르담 상인들의 위탁을 받아 완제품으로 제조되었다. 1620년경 네덜란드는 제당, 제철, 증류주조, 양조, 연초, 견사, 도자기, 유리, 무기, 인쇄, 제지 등의 기간산업을 갖춘 선진산업국으로서 총인구 중 56%가 중간 규모 이상의 도시에서 생활하고 있었다. 당시 이러한 상황은 지구 상의 어느 나라보다도 발전된 모습이었다.

네덜란드의 해외팽창은 1600년 이후로는 더욱 진일보하여 비유럽지역으로 진출을 확대하였다. 구체적으로 서아프리카, 브라질, 카리 브해, 동인도 및 일본에까지 무역거점을 확보하였다. 1500~1700년 사이에 유럽에서 발생한 새로운 변화로서 지중해무역의 쇠퇴와 대서 양무역의 발전은 유럽의 경제적 지도를 바꾸어놓았다. 이 새로운 지 도에서 이탈리아, 스페인 같은 남유럽지역은 쇠퇴하였고, 반면에 네 덜란드, 영국, 북부독일 같은 북유럽지역은 부상하였다. 이 중에서도 특히 네덜란드의 성공은 괄목할 만하였다. 네덜란드의 경제적 번영을 설명해주는 다른 중요한 요인으로서 국제금융을 들 수 있다. 당시 유 럽에서 국제금융의 중심지로서 암스테르담은 첫 번째 손가락에 들게 되었고 그 역할은 날로 커지고 있었다. 금융 중심지로서 암스테르담 의 번영은 그곳이 바로 무역의 중심지였다는 사실에서 유래하였다. 무역의 규모가 커질수록 무역과 관련된 금융거래 역시 증가하게 되 기 때문이다. 네덜란드의 경우 정부가 건전한 화폐, 확실한 신용, 정 확한 상환의 원칙을 고수하려고 노력하였다. 이로 인하여 암스테르담 금융시장은 유럽의 다른 금융 중심지에 비해서 고도의 안전성을 보 여주었고, 낮은 금리로 자금조달이 가능하였다. 이와 더불어 네덜란 드정부는 전쟁이 발생했을 때 다른 나라의 정부에 비해서 유리한 조 건으로 많은 자금을 조달할 수가 있었다. 이것은 상대적으로 작은 나 라인 네덜란드가 자신보다 규모가 큰 나라들과의 전쟁에서 상대를 누를 수 있는 힘의 원천이 되었다.

그러나 네덜란드 금융시장이 보인 장점은 18세기 후반에 들어서면 서 네덜란드의 경제발전에 악영향을 미치게 된다. 정부가 발행하는 채권이 지속적으로 안정된 수입을 보장해주자 네덜란드의 은행가들 은 모험적인 대규모 산업투자를 꺼리고 안락한 금리생활의 유혹에 빠져버렸다. 또한 네덜란드정부는 채권을 발행하여 쉽게 자금을 조달할 수 있었으므로 채권발행을 과다하게 하여 빚더미에 올라앉게 되고, 정부는 그 부채를 갚기 위해 소비세를 끌어 올려서 물가와 임금을 상승시켜 결국 네덜란드 상품의 국제경쟁력을 약화시켰다.

실제로 네덜란드의 쇠락이 명확하게 나타나는 18세기 후반에는 네덜란드 경제의 전 분야에서 기업가정신과 창의력이 약화되고 국민들은 투기를 통한 이익 획득에 전념하는 모습을 보였다. 이러한 모습은 이후에 다른 부유한 국가들에서도 나타났던 현상으로서 한 사회가 경제적 번영을 이룬 뒤에 출현하는 일반적인 현상으로 볼 수 있다. 따라서 한 사회의 경제적 번영은 대부분의 경우 필연적으로 그 사회의 쇠락을 야기하는 요인을 그 사회 내부에서 성숙시킨다고 할 수 있다. 네덜란드는 작은 나라로서 해외무역과 국제금융을 통하여 번영했지만 이는 달리 표현하면 이들 부문에 대한 의존도가 과다했다고 할 수 있다. 7년전쟁 시에 네덜란드는 중립을 선포하고 전쟁을 회피했지만 막강한 영국해군이 중립국 선박의 프랑스 해외무역품 선적을 봉쇄하는 바람에 해운업에 강한 네덜란드는 크게 손실을 보았다. 1758~1759년 이 문제를 둘러싼 영국과 네덜란드 간의 외교 분쟁은 미국독립전쟁 초기에도 되풀이되었으며 1780년대 이후에는 마침내 노골적인 적대관계로 발전했다. 이로 인해 결국 네덜란드의 해외무역은 쇠퇴하게 되었고 해외무역에 과도하게 의존하던 경제가 마침내 크게 기울게 되었다. 이후 네덜란드는 해외의 영토역시 대부분 잃어버리고 유럽의 약소국으로 전락하였다.

3) 프랑스

근대 프랑스의 번영은 앙리 4세(재위 1589~1610)가 왕위에 올라 대내적으로는 화해정책을 추진하고, 대외적으로는 1589년 스페인과 강화를 맺고 프랑스의 독립을 지킨 것으로부터 출발한다. 이전의 프랑스는 오랜 기간에 거친 내분, 약탈, 물가고, 피폐한 상업 및 농업, 파탄 상태에 놓인 재정으로 특징지을 수 있는 국가였다. 프랑스는 원래 자원이 풍부한 나라였다. 서유럽에서 가장 넓고 비옥한 국토, 남쪽으로는 지중해 북쪽으로는 대서양에 닿아 있어서 해산물이 풍부하고, 이웃나라들보다 월등히 많은 인구－1600년경 프랑스의 인구는 대략 1,600만 명으로서 스페인의 2배, 영국의 4배나 되었다－를 가진 잠재력이 큰 나라였다. 특히 농업생산은 유럽에서 으뜸으로써 잉여농산물을 거의 항상 누릴 수가 있었지만, 도시화, 상업, 금융 면에서는 네덜란드, 북이탈리아 및 영국만큼 발전되지 않았다. 이러한 상태에서 프랑스의 발전을 자극하는 새로운 변화가 앙리 4세의 각료인 쉴리에 의해서 수행되었다. 그는 조세제도를 혁신하여 수천 명의 면세자를 색출해내고 왕실의 영지와 수입을 되찾았으며 국가부채에 대한 금리를 재조정하였다. 이로 인하여 1600년 이후 수년 만에 국가예산은 균형을 되찾았다. 그 외에도 쉴리는 여러 가지 방법으로 산업과 농업을 지원, 육성하였다. 예를 들면 인두세를 내리고, 다리와 길을 내고 운하를 파서 물자수송을 원활하게 했으며, 직물생산을 장려하고 또한 왕립공장을 세워 사치품을 생산하여 해외로부터의 수입을 자국 상품으로 대체하였다. 이런 모든 정책은 전체적으로 볼 때 프랑스의 국력을 키우는 데 기여하였다.

그러나 불행히도 1610년에 앙리 4세가 암살당한 이후 수십 년간 프랑스에 다시 암흑기가 찾아와서 프랑스의 국력은 크게 약화되었다. 이 시기 프랑스는 귀족들의 음모 외에도 농민과 도시 실업자의 봉기 및 지방 관리들의 부패로 정부의 기능이 정상적으로 이루어지지 않았다. 이와 더불어 이 시대 전반적인 인구감소, 열악한 기후로 인한 농업생산량의 감소와 유럽을 휩쓴 페스트로 인하여 경제가 말이 아닌 상태가 되었다. 이러한 상황에서 프랑스가 30년전쟁에 공개적으로 개입한 것은 이성적인 눈으로 볼 때 이해할 수 없는 사건이었다. 30년 전쟁으로 말미암아 프랑스의 정부재정은 거의 파탄 상태에 이르렀는데, 예를 들면 프랑스가 로크르와전투에서 스페인에 대승을 거둔 1643년 정부의 지출은 수입의 대략 2배 정도에 이르렀다. 1648년 베스트팔렌조약으로 30년전쟁은 막을 내렸지만 이후에도 프랑스와 스페인은 무려 11년 동안이나 전쟁을 계속하여 결국 재정파탄과 만연한 빈곤으로 프랑스는 그로기 상태가 되고 말았다.

프랑스가 다시 번영의 기회를 잡게 된 것은 루이 14세(재위 1661~1715)가 즉위하고 나서였다. 루이 14세는 왕권을 강화하면서 동시에 부국강병을 추구하였다. 먼저 중상주의자 각료 콜베르에 의하여 상공업의 육성이 추진되었고 이어서 군사력을 증강하여 유럽의 최강국이 되었다. 프랑스 국방부가 창설되어 관리들은 군대의 재정, 보급과 조직을 점검하고 훈련과 군기에 대한 새로운 기준을 마련하였다. 직업적인 상비군과 왕립해군이 있었을 뿐 아니라 사관학교, 병영, 선박 수리창 등의 훨씬 발전된 하부구조가 행정관리들에 의해 운영되었다.

루이 14세 시대에 프랑스의 국력이 강화된 가장 주된 이유는 강력한 중앙집권제에 토대를 두고 효율적인 관료제도가 창조되었기 때문이다. 효율적인 관료제도는 국가의 자원을 효율적으로 관리하고 동원하여 경제 및 군사부문에서 국력을 강화시켰다.

17세기 말부터 프랑스의 국력은 고유의 자원으로 튼튼하게 뒷받침 되었다. 비옥하고 광활한 국토에서는 자급자족의 수준을 넘어서는 식량이 생산되고 있었으며, 인구는 서유럽에서 최대로서 대략 2,000만 이나 되었다. 이를 기반으로 팽창욕이 강한 루이 14세는 군대를 크게 증강할 수 있었다. 루이 14세가 원했던 것은 유럽대륙에서의 정복전쟁을 통하여 대륙 내에서 영토를 확장하고 합스부르크의 지위를 약화시키는 것일 뿐만 아니라, 다른 한편으로는 해군을 사용하여 식민지를 늘리는 것이었다. 그러나 유럽대륙의 정치적 현실은 매우 복잡하고 몇몇 강대국들 사이에서 힘의 균형이 성립한 다원화 상태였기 때문에, 세상사는 루이 14세의 바람대로 이루어지지 않았고 많은 전쟁비용만 소모되었다. 루이 14세 시대의 프랑스가 국력의 총량으로 볼 때 유럽 최대라고 할 수는 있었지만 그렇다고 초강대국이 될 만큼 크지는 않았고, 또한 국가운영이 효율적으로 조직되지도 않아서 그의 야망을 채울 수가 없었다. 18세기 후반까지 부르봉왕조의 대외팽창과 영국과의 패권투쟁으로 전쟁이 지속되는 상태에서 국가 재정은 피폐해졌고 이 문제를 둘러싸고 벌어진 왕실과 의회 사이의 논쟁은 결국 그들 사이의 관계를 악화시켰다. 특히 미국독립전쟁에 참가한 1778~1783년 사이의 엄청난 전비와 국가재정개혁의 실패가 점증하는 정치적 불만과 경제적 불황, 사회적 불안과 서로 어우러져 1787년 이래 프랑스 국내정치는 위기국면에 접어들었고 마침내 대혁명이 발생하였다. 프랑스대혁명은 일시적으로는 프랑스의 내부적 혼란을 야기했지만 시간이 지남에 따라 혼란은 점차 수습되고 프랑스는 새로운 이념의 열정으로 인하여 에너지가 분출하는 나라가 되었다.

대혁명 이후 프랑스의 군대와 경제에 모두 새 바람이 불어서 프랑스의 국력은 향상되었다. 결국 부르봉왕조가 실현하지 못한 프랑스의 야망은 대혁명을 통하여 구체제가 무너지고 난 후 나폴레옹에 의해서 실현된다. 이는 프랑스가 혁명을 통하여 자신의 국력을 쇄신하고 나폴레옹에 의하여 잘 운용됨에 따라서 일시적으로 자신의 의지를 유럽대륙에서 관철시킬 수가 있었기 때문이다. 나폴레옹시대의 프랑스에서는 법적·행정적 개혁으로 근대화가 촉진되고, 인구의 증가와 국가지출에 의한 자극(군사장비의 생산), 높은 보호관세와 신기술의 도입에 의하여 지속적인 경제발전이 나타났다.

그러나 나폴레옹시대 프랑스의 영토적·군사적 과잉팽창은 유럽의 다른 강대국들을 오랜 기간 통제하지 못하고 그들의 집단적 저항에 부딪쳤으며, 결국 나폴레옹의 패전과 함께 프랑스의 몰락을 초래하였다. 나폴레옹의 몰락을 러시아정벌, 라이프치히전투, 워털루전투 등에서의 패전과 같은 단순한 군사적 실패로서만 설명되어서는 안 되고, 당시 프랑스 경제가 도저히 감당할 수 없었던 전쟁비용의 투입 역시 중요한 원인이 된다. 경상수입으로는 도저히 지출을 감당할 수 없었던 나폴레옹은 여러 종류의 세금을 새로 부과하거나 구제도하의 조세를 부활하였고, 기만적인 지폐정책을 시행하였는데 이 모두가 경제발전을 저해하였다. 결국 나폴레옹의 패권은 오래 유지되지 못하고 물거품처럼 꺼져버렸고, 이후 프랑스는 간신히 유럽강대국의 반열에 들 수 있는 정도의 국력을 보유하였다. 경제적으로 볼 때 프랑스는 농업부문에서는 여전히 서유럽 최고의 지위를 유지했지만 반면에 상공업에서의 발전이 상대적으로 더디었고 산업혁명도 지체되어 확산되었다. 그리고 국력의 상대적 침체로 인하여 1870년에는 신흥 강대국 프로이센과의 보불전쟁에서 무참하게 패배하였다. 그리고 20세기 전반기에 있었던 두 번의 세계대전에서 약체임이 드러났다.

4) 영국

유럽의 북서쪽 변방에 놓여 있는 영국은 중세시절까지 유럽의 국제정치에 큰 영향을 미치지 못하는 작고 가난한 나라였다. 이러한 영국에서 왕위계승을 둘러싼 장미전쟁이 15세기 후반 종식되고 헨리 7세를 시조로 하는 튜더왕조의 출현과 함께 번영의 터전이 마련되기 시작하였다. 헨리 7세는 1492년 프랑스와 강화조약을 맺고 국내정치의 안정과 재정긴축에 힘을 쏟았다. 그는 스스로 지출을 줄이고 빚을 갚아나갔으며 양모무역과 어업 그리고 상업 전반을 장려함으로써 내전과 반란으로 지친 나라가 한숨 돌릴 여유를 마련해주었다. 이와 함께 기후조건의 향상으로 인한 농업생산력의 증가, 베네룩스지방에 대한 직물무역의 성행, 풍부한 연안어장의 개발 그리고 연안무역의 발전 등도 영국의 경제적 기반을 강화시켰다. 국가재정 면에서도 왕이 왕실영지를 되찾고 반란세력이나 왕권도전세력이 장악한 영토를 탈환하였으며 무역의 성장에 따른 관세수입의 증가에 의해서 건전한 재정을 회복하게 되었다. 튜더왕조시대에 들어서 상공업이 이전 시대에 비해서 상당히 발전했음에도 불구하고 영국은 유럽의 다른 나라에 비교할 때 여러 면에서 아직 부족하였다. 먼저 인구를 보면 16세기 초반 영국의 인구는 스페인이나 프랑스에 비해서 턱없이 작은 3~4백만 정도였다. 또한 금융제도나 상업기반은 이탈리아, 남부독일, 베네룩스지방에 비해서 낙후하다고 할 수 있었다. 특히 영국의 군사력은 질적·양적인 면 모두에서 유럽의 강대국들에 비해서 매우 뒤

떨어져 있었다.

그럼에도 헨리 7세의 후계자인 헨리 8세는 스코틀랜드와 프랑스를 공격하였고, 이로 인하여 헨리 7세가 축적해놓은 국고를 탕진한 후 그 유명한 종교개혁을 통하여 교회의 토지를 강제로 몰수해서 재정문제를 해결하였다. 1558년 왕위에 오른 엘리자베스 1세는 당시 영국이 처한 경제적·군사적 한계를 잘 인식하고 있었기 때문에 매우 신중하고 현실적인 정치를 하였다. 그녀는 가급적 전쟁을 피하고 외교로서 독립을 유지하는 방법을 선호하였다. 물론 스페인의 왕 펠리페 2세의 무적함대와의 해전, 네덜란드 반란군에 대한 지원 등이 있기는 했지만, 왕과 의회의 재간과 절약정신으로 인하여 국가의 재정은 그런대로 건전한 상태를 지켰다. 그녀의 대외정책에서 가장 중요했던 것은 스페인에 대항해서 유럽의 세력균형을 이루는 것이었고, 이를 위해서 지원군을 네덜란드와 북부 프랑스로 보냈다. 이런 정책은 나름대로의 효과를 거두었다고 평가된다. 엘리자베스 1세 시대에 영국의 인구, 무역, 해외식민지 및 국가 전체의 부는 늘어났지만 아직 강대국의 수준에는 미치지 못하였다. 그러나 1650년대 크롬웰이 지배하는 영국은 다른 유럽 강대국과의 격차를 좁힘으로써 마침내 유럽의 강대국 반열에 들게 되었고 그에 합당한 정치적 역할을 시작하였다. 해외무역의 성장, 식민지로부터의 이익 및 해운수입으로 인하여 영국의 경제적 기반은 점차 강화되었고 인구가 증가함에도 불구하고 국민들의 생활수준이 향상되고 있었다. 엘리자베스 1세 시대에 다져놓은 유럽 최강의 해양국가로서의 잠재력이 서서히 발휘되면서 영국은 점점 더 해외로 팽창하여 1660년대 이후에는 인도, 동인도제도, 남부 아프리카와 오스트레일리아까지 진출하게 되었다. 18세기에 들어서면서 왕성한 해상무역은 영국 경제에 활력을 주고 항해술과 조선기술을 발달시켰으며 국고를 채워주는 한편 식민지의 생명선이 되었다. 막강한 영국 해군은 평화 시에는 영국 상선들의 위신을 보장해주고 전시에는 무역을 보호하면서 더 많은 식민지를 확보하여 국가의 정치적·경제적 이익에 기여하였다. 식민지는 영국제품의 판로였을 뿐만 아니라 수많은 원료의 공급지로서 영국 경제에서 중요한 역할을 하였다. 이와 함께 영국의 상공업은 단단히 뿌리내리고 집요하게 성장하였다.

18세기 후반 북아메리카 식민지의 독립으로 인하여 영국의 해외이익은 일시적으로 감소했지만 이후 북아메리카로의 수출을 증가시켜서 다시 만회하게 되었다.

18세기 영국의 부상을 설명하기 위하여 반드시 언급되어야 하는 점은 영국이 유럽의 다른 강대국에 비해서 결정적인 강점을 조세 및 금융제도에서 가지고 있었다는 사실이다. 영국의 조세는 거의가 기본품목에 대한 소비세이거나 관세의 형태로 부과되었다. 또한 영국에는 국내 통행세가 없어서 상업의 발달을 저해하지 않았다. 반면에 영국의 토지세는 어떤 면세특권도 없었는데 이는 18세기 전 기간을 통하여 거의 유일한 직접세였다. 영국은 비교적 가벼운 직접세 부담을 부유층에 지웠기 때문에 부유층의 저축을 증대시켜서 평화 시에는 부유층의 자산 축적을 도왔고, 전시에는 부유층의 자산에 고율의 과세를 하였다. 이러한 조세제도로 인하여 평화 시에는 자본축적이 촉진되어 경제발전에 도움이 되었으며, 전시에는 전쟁비용의 조달이 쉽게 이루어졌다.

또한 영국은 유럽에서 가장 발달한 금융제도를 가지고 있었다.

1694년에 영국은행(Bank of England)이 창설되었고, 증권거래의 활성화와 지방은행의 성장을 위한 제도들이 출현하여 정부와 기업이 필요한 자금을 효율적으로 공급하게 되었다. 효율적이고 안정적인 금융제도로 인하여 금리는 계속 낮아졌고, 영국 정부가 발행하는 채권은 외국의 투자자들에게 인기 있는 투자대상이 되었다. 이는 이 시대 영국이 많은 전쟁을 치르면서도 전비동원 능력에서 자신의 적국들보다 우월성을 보이게 된 주된 요인이라고 할 수 있다.

19세기 영국의 번영은 산업혁명이라고 표현되는 엄청난 기술적·경제적 변화의 물결로서 설명하는 것이 옳다고 할 수 있다. 경제사학자들 대부분이 강조하듯이 산업혁명은 단계적이고 점진적인 과정이었다. 처음에 그것은 일부 제조업과 생산수단에만 영향을 미쳤으며, 한 나라 전체가 아니라 지역별로 차례차례 발생하였다. 그럼에도 불구하고 1780년을 전후하여 인간의 경제적 환경에 근본적으로 중요한 변화가 일어나기 시작했다는 것은 부정할 수가 없다. 산업혁명을 창조한 가장 주된 발명품은 증기기관인데, 이로 인하여 그때까지 인간이 사용한 생명체의 동력을 기계의 동력으로 대체할 수 있었다. 새로운 기계의 도입결과는 엄청난 것이었다. 예를 들어서 1820년대에 이르러서는 동력 직기 몇 대를 가동하는 사람이 손으로 베틀을 움직이는 직공에 비해 20배나 많은 생산을 할 수 있었다. 또한 철도기관차 단 한 대가 수백 마리의 말을 동원해야 운반할 수 있었던 양의 짐을 한결 빠른 속도로 운반할 수 있게 되었다. 산업혁명기의 영국에서 나타난 가장 주된 경제적 변화는 직물산업의 생산성이 어마어마하게 증가했다는 사실이다. 이러한 생산성 향상은 직물류의 경쟁력을 창조하여 생산량을 엄청나게 증가시켰고, 직물류의 생산 증가는 다른 산업(기계류, 철, 해운 등)에 연관효과를 창조하여 그들 산업에서의 생산 증가를 야기하였다. 산업혁명이 창조한 생산성 증가는 국부와 국민 1인당의 구매력을 증가시켰고, 국민들의 물질적 환경이 개선되면서 인구가 급속히 늘어나서 결국 영국의 국력을 눈덩이처럼 키웠다. 통계를 보면 영국의 인구는 1801년 1,050만 명에서 1911년에 4,180만 명으로 늘어나서 연평균 증가율은 1.26%를 보였다. 또한 실질 국민총생산은 동 기간에 연평균 2.25% 증가하였다. 동 기간 실질 경제성장률이 인구증가율을 앞섰기 때문에 국민 1인당 실질소득(구매력)은 증가했다고 할 수 있다. 산업혁명이 진행되면서 영국이 세계제조업에서 차지하는 비중이 극적으로 증가하였다. 특히 기계로 생산되는 영국의 면직물은 가격과 품질에서 높은 경쟁력을 보였기 때문에 다른 나라의 전통적인 모직물을 누르고 수출을 엄청나게 증가시켰고 이와 함께 다른 나라의(특히 비유럽국가들) 모직물산업을 몰락시켰다. 영국의 계속되는 경제적 성공으로 인하여 세계경제에서 영국이 차지하는 비중이 계속 증가하였는데, 영국의 상대적 지위가 절정에 달했던 1860년경 영국은 세계 철강 생산량의 약 53%, 석탄과 갈탄 생산량의 약 50%를 차지했으며, 원자재의 소비 측면에서 보면 세계 원면 소비량의 약 50%를 소비하였다. 또한 세계 공산품 무역에서 차지한 비중은 약 40%, 세계 상선의 약 30%가 영국 국적의 선박이었다.

산업혁명의 시기에 출현한 기술진보는 군사적인 부문에도 크게 영향을 미쳤는데 성능 좋은 신형 소총과 기관총, 신형대포 그리고 마침내 증기추진식 군함의 출현을 예로 들 수 있다. 이러한 무기들은 비유럽지역의 주민들이 사용하는 구식무기에 비해 성능이 탁월했다. 특히 영국의 해군력은 세계의 1위로서 그 뒤를 따르는 3~4개 국가의 해군력을 합친 것만큼 강해서 전 세계의 주요 지역들에서 그 힘을 과시할 수 있었다. 대표적인 사례가 바로 중국과의 아편전쟁(1841~1842)에서의 승리, 나바리노에서의 오스만터키 함대의 격파(1827) 등과 같은 것들이었다. 이러한 경제적·군사적 힘을 토대로 영국의 팽창욕은 한없이 전개되었다. 19세기 동안 영국의 영토적 팽창(식민지 확장)은 극적인 수준으로 이루어졌다. 통계를 보면 영국의 영토는 1815~1865년 기간 동안 연평균 약 10만 평방마일 꼴로 팽창했다. 유럽에서 멀리 떨어진 지역에서 계속적으로 식민지를 확장함에 따라서 그 지역 원주민들의 저항도 점차 거세졌고, 이로 인하여 영국정부는 진압을 위한 군대의 파견을 계속 늘릴 수밖에 없게 되었다.

19세기가 흘러가면서 영국경제의 두드러진 특징으로서 해외투자, 국제금융 및 수출에 대한 의존도가 과도하게 상승하는 현상이 나타났다. 먼저 해외투자를 보면 영국인들은 자국의 넘치는 잉여자본을 해외에 투자하여 높은 투자수익을 올렸고, 이러한 투자수익의 본국송금을 통하여 만성적인 무역적자를 메우고 있었다. 또한 런던의 금융가에서는 온갖 종류의 국제적 금융거래가 활발하여 런던의 번영을 이끌고 있었다. 그 밖에도 영국의 경제는 해외시장에 크게 의존하고 있어서 실제로 19세기 중반에는 수출이 국민총생산의 약 20%를 차지하였다. 특히 영국의 대표산업인 면직물산업의 해외시장 의존도는 30%를 넘었다. 영국경제가 보인 상기의 특징들은 전쟁에 매우 취약한 구조를 가지고 있었다. 즉 큰 전쟁이 발생하여 해외로부터의 소득과 국제금융거래 및 재화의 국제적 이동이 타격을 받는다면 영국경제 역시 큰 타격을 받게 되어 있었다.

1860년대부터 세계에서 영국이 차지하는 경제적 지위가 감소하기 시작하였다. 이는 기본적으로 영국과 유럽대륙의 일부지역에 집중되어 있었던 산업화가 유럽의 다른 지역과 북미로 확장되고 있었기 때문이다. 이 시대 가장 괄목할 만한 산업화가 새로이 진행된 곳은 독일과 미국으로서 1870년이 되면 이미 독일은 세계 산업생산의 13%, 그리고 미국은 23%를 차지하게 되었다. 그리고 1880년대 이후에는 강철, 화학, 기계공구 및 전기제품같이 날로 중요성이 더해지고 있던 산업분야에서 영국의 세계 생산 비중이 감소하면서 세계 선두지위를 상실하게 되었다. 1875년과 1894년 사이에 영국의 산업생산은 연평균 1.5% 비율로 증가했는데 이것은 주요 경쟁국들에 크게 뒤지는 성장률이었다. 1880년에 영국은 세계 제조업 생산량의 22.9%를 차지했지만 1913년에는 13.6%로 크게 감소하게 되었다. 그리고 산업생산에 있어서 독일과 미국이 영국을 앞질렀다. 이는 영국의 수출품들이 높은 가격과 관세장벽에 의해서 산업화된 유럽과 북아메리카 시장에서 종래의 유리한 지위를 잃었기 때문이다. 19세기 말 영국의 생산성 저하와 경쟁력 약화의 원인은 매우 다양하게 지적되고 있다. 예를 들면 빈약한 투자로 인한 생산시설의 낙후성, 노사관계의 악화, 졸렬한 판매술, 교육제도의 낙후성 같은 원인들이 일반적으로 제기되는데, 종합해보면 이는 번영의 끝에 도달한 사회가 보여주는 노화 현상이라고 할 수 있다. 이러한 사회에서 기업가정신과 창의력은 쇠퇴하고 개혁을 필요로 하는 제도들이 그대로 남아 있었다.

대외적으로는 1880년대부터 이전에 획득한 해외의 이권이 약화되기 시작하였고, 특히 20세기에 들어서는 대부분의 식민지가 독립함으로써 영국은 더 이상 제국이 아닌 유럽의 국가로 남게 되었다.

1870년 이후 영국의 역사는 다른 나라들에 대한 상대적 지위에 있

어서 경제적·군사적·정치적으로 산업혁명이 성취해주었던 번영과
힘의 절정으로부터 꾸준한 후퇴를 보여주었다. 20세기 들어서 두 번
의 세계대전을 치르고 결과적으로 승전국이 되었지만, 경제적 쇠락은
극적인 모습으로 나타났다.[58]

58) 폴 케네디, 『강대국의 흥망』, 한국경제신문사.

X.

국제무대에서의 순환

국제무대는 19세기 후반부터 제2차 세계대전 이전까지 영국, 독일, 프랑스, 미국, 러시아(1917년 이후 소련) 등이 주도하는 다극구조의 모습을 보였다. 그러나 제2차 세계대전의 종전과 함께 냉전시대가 시작되어 양극구조가 형성되었고, 냉전시대의 종결과 함께 일극구조로 이행하였다가, 지금 다시 다극구조로 이동하고 있다. 여기서 제2차 세계대전 이후의 양극구조란 이른바 냉전시대에 자본주의와 공산주의의 양 진영이 미국과 소련을 각각의 중심세력으로 하여 대립하였던 것을 의미한다. 또한 냉전시대 종결 이후의 일극구조란 1990년대 초반 소련을 중심으로 하는 공산주이 진영이 체제가 붕괴하고 이들 국가들이 자본주의 국가로 체제전환이 이루어진 이후에 미국을 유일한 초강대국으로 하는 국제정세가 도래한 현상을 의미한다. 그리고 지금 현재 또 다른 변화로서 다극구조란 미국, 유럽연합 및 중국이 국제사회에서 세력의 균형을 이루어가는 구조라고 볼 수 있다. 결국 19세기 말 이후의 국제정세는 다극, 양극, 일극을 거쳐서 다시 다극으로 돌아가는 순환의 모습을 보이고 있다.

일극구조에서 다극구조로의 전환은 미국의 상대적인 힘이 쇠퇴하고 유럽연합과 중국의 힘이 상대적으로 부상한다는 것을 의미한다. 따라서 이하에서는 미국의 쇠락과 유럽연합 및 중국의 부상에 대해서 이야기하려 한다.

1. 미국의 쇠락

18세기 말 영국으로부터 독립하여 신대륙 북아메리카의 그 큰 영토와 풍부한 자원을 기반으로 경제대국으로 성장한 미국은 19세기 후반에 이미 세계에서 가장 큰 경제력을 갖게 되었지만 고립주의를 표방하면서 국제무대에서 주도적인 역할을 하지는 않았다. 그러나 제2차 세계대전에서의 승리와 함께 전후 정치, 경제의 모든 분야에서 세계의 최고 지위를 얻게 되었고 또한 국제질서를 주도하는 나라가 되었다.

경제적 차원에서 미국이 세계에서 차지하는 비중은 제2차 세계대전 직후 정점에 도달했다가, 전후 유럽과 일본의 부흥 및 아시아 신흥공업국들의 도약으로 인하여 점차적으로 감소하였다. 현재 미국경제는 제조업분야에서의 경쟁력이 형편없이 약해진 상태이고, 천문학적인 무역적자 및 재정적자로 인하여 달러의 위상 역시 크게 약해진 상태이다. 반면에 국제정치적 차원에서 미국의 상대적인 힘은 약화되지 않았는데, 이는 무엇보다도 미국의 막강한 군사력에 토대를 두고 있다. 미국의 국방비지출은 절대적인 액수에서든 아니면 GDP에 대한 상대적 비율이든 다른 선진국들과는 비교되지 않는 큰 규모를 보였다. 제2차 세계대전 이후 미국은 군사부문에서의 탁월한 우월성을 토대로 많은 해외전쟁을 직간접적으로 치렀다. 이 과정에서 과다한 군비지출로 인하여 재정적자가 심화되었고 반면에 군수산업은 과잉 팽창하였다. 이와 함께 민간군수업체들은 자신들의 영향력을 국방부로 이동시켜서 국방예산과 군사행동에 있어서 자신들의 이익을 반영시켰다. 몇 년 전에 사망한 미국의 저명한 경제학자 케네스 갈브레이스(K. Galbaith)는 그의 마지막 저작『경제의 진실』에서 미국을 덮고 있는 이른바 "군산복합체"의 망령과 그로 인한 미국경제의 어두운 부분을 상세히 설명하고 있다. 특히 그는 베트남전과 이라크전은 군수산업과 국방부가 초래한 미국역사상 가장 큰 군사적 재앙으로 보았다.[59]

해외에서 수행한 미국의 군사행동(전쟁)은 다양한 동기를 갖고 있다. 냉전시대에는 대체로 공산주의 블록의 확대를 막기 위한 전쟁이 중심을 이루었고 그 밖에 중동의 값싼 석유 확보를 위한 것, 남아메리카에서 친미 정권을 수립하거나 지원하기 위한 것 그리고 근래에는 테러집단을 박멸하기 위한 것 및 발칸반도와 소말리아에서처럼 무고한 민간인 학살을 막기 위한 군사행동 등으로 구분할 수 있다. 전체적으로 보면 미국의 패권 또는 경제적 이익을 지키거나 확대하기 위한 전쟁이 대부분을 차지하지만, 이른바 국제질서를 수호하기 위한 "국제경찰"로서의 역할도 일부 발견된다. 미국의 석학 노암 촘스키가 그의 저작『실패한 국가 미국을 말하다』에서 지적하고 있듯이 미국이 해외에서 수행한 많은 군사행동은 미국기업의 해외시장 확보와 해외에 투자된 미국자본의 이익을 지켜주고 확대하는 역할을 하였다.[60] 또한 중동의 값싼 원유 확보를 위한 전쟁 역시 미국의 이익에 기여하였다. 반면에 냉전시대에 발생한 대규모 전쟁(베트남전

---

59) 케네스 갈브레이스, 『경제의 진실』, 지식의 날개.

60) 노암 촘스키, 『실패한 국가 미국을 말하다』, 황금나침판.

쟁, 한국전쟁)과 근래의 대테러전은 미국의 해외이익에 도움이 되지 않았다-자국의 경기부양 효과는 있었지만-. 전체적으로 볼 때 근래의 이라크전쟁과 아프가니스탄전쟁까지 합해서 미국의 수많은 군사행동은 미국정부의 재정적자를 키워서 미국경제에 큰 부담을 주었다.

인류역사가 보여주듯이 무리한 팽창과 군사행동은 자국경제에 큰 부담을 주게 되어 강대국 쇠락의 가장 중요한 원인으로 지적되고 있다. 물론 자국경제가 군사행동을 지탱해줄 수 있을 만큼 충분히 강하고, 경쟁력을 갖고 있다면 군사행동이 반드시 쇠락요인이 되지는 않는다. 그러나 만약에 자국경제가 쇠락하고 있을 때 대규모의 군사행동이 빈번히 발생한다면 이는 자국경제의 쇠락을 가속화시키게 되고 결국에 가서는 경제적인 요인으로 인하여 군사행동이 중단될 수밖에 없다. 이런 상황에 놓인 국가는 전체적으로 국력이 쇠약해져서 국제무대에서의 영향력이 줄어들 수밖에 없다. 역사적으로 보면 제1차 세계대전 이후 영국은 자국경제의 쇠락으로 인하여 가급적 군비확장과 전쟁참여를 기피하게 되었고, 그로 인하여 유럽에서 독일의 팽창과 패권을 받아들이는 것 외에는 달리 방법이 없었다. 그리고 지금의 미국이 바로 그런 상황에 놓여 있다. 최근 오바마정부의 군축정책이 그것을 보여주고 있다. 결국 국제무대에서의 영향력이란 기본적으로 경제력에 뿌리를 두고 있다고 할 수 있다. 이것은 19세기 후반 미국이라는 나라가 국제무대에 처음 명함을 내밀기 시작해서 제2차 세계대전 이후 국제무대에서 가장 큰 영향력을 행사했던 그 역사를 보면 저절로 입증된다.

이제 미국의 쇠락을 경제적 차원에서 고찰해보자. 이와 관련해서 날카로운 통찰을 보인 저작 가운데 하나는 미국의 경제학자 빌 보너와 에디슨 위긴이 공동 저술한『Empire of Debt』이다. 여기서는 특히 미국인, 미국기업, 미국 FRB의 행위와 사고방식을 통하여 문제를 파악한 점이 흥미롭다. 21세기의 미국인들은 20세기 전반기까지의 미국인들과 사고방식 및 생활방식에서 큰 차이를 보이고 있다. 이전의 미국인이 가졌던 자제력과 금지, 근면과 검소 그리고 겸손은 사라지고 그 자리에는 사기, 기만과 망상, 낭비와 빚더미 그리고 자만심이 대신하였다. 버는 것 이상으로 소비를 하는 미국인들은 빚 무서운 줄 모르는 간 큰 사람들로서, 마치 내일이 없는 사람들처럼 돈을 빌리고 또 소비한다. 국가 전체로 볼 때 미국의 소비와 투자는 아시아인과 유럽인의 저축으로 유지되고 있다. 게다가 미국인들은 공장에서 좋은 물건을 만들어서 부를 얻는 것에는 관심이 없고 부동산이나 증권에 대한 투자가 부를 창조해준다고 믿고 있다.[61]

1970년대부터 미국의 사업가들은 신규설비에 적극적으로 투자하지 않아서 생산설비는 노후화되기 시작했으며 직원들의 교육훈련에도 인색했다. 결과는 미국 제조업의 경쟁력 약화로 나타났고, 이로 인하여 미국의 무역수지는 적자로 돌아섰다. 게다가 값비싼 해외전쟁으로 인히여 정부의 재정은 엉망이 되었디. 이시이지역에서 물밀듯이 들어오는 값싼 공산품은 미국의 마트에서 미국산을 밀어내고 미국의 기업들을 도산시켰다. 미국에 수출해서 많은 돈을 번 아시아의 국가들은 그 돈을 미국의 자산에 투자하였고, 마음만 먹으면 미국경제를 파멸로 몰고 갈 수 있을 정도로 많은 미국 국채를 보유하고 있다. 2000년에 미국 국채의 35% 회사채의 20%를 외국인들이 보유하고 있었다.

---

61) 빌 보너&애디슨 위긴,『세계사를 바꿀 달러의 위기』, 돈키호테.

2008년 말에 있었던 미국의 금융위기는 미국경제의 문제를 단적으로 보여주고 있다. 국민들은 주택담보대출(모기지)에 의존해서 주택투기에 열중하였고, 월가의 증권사와 투자은행들은 자유화된 금융제도를 이용하여 셀 수 없이 많은 파생상품을 창조하였고 또 위험을 무릅쓰고 파생상품에 엄청난 투자를 하였다. 주택가격의 거품붕괴와 파생상품의 폭락으로 인하여 월가의 투자은행이 도산하고 금융시스템이 붕괴 위기에 처하자 정부의 구제금융이 수혈되었다. 국민의 세금이 투입되어 금융기관들이 도산의 위험에서 벗어나자마자 금융기관의 임원들은 두툼한 상여금을 받았다. 노벨경제학상을 받은 미국의 경제학자 조지프 스티글리츠가 자신의 최근 저작『스티글리츠 보고서』에서 주장하는 바대로 미국의 금융기관들은 도덕적 해이의 극치를 보이고 있다. 자신들의 이기심을 신자유주의라는 이름으로 포장한 채 자신들의 이익을 극대화하려 하는 미국의 금융기관들은 위험성이 높은 투기적 행위를 하면서 *"성공하면 이익은 내가 갖고 실패하면 뒤처리는 국민의 세금으로"* 하게 하는 행위에 익숙해져 있다. 이러한 금융산업이 미국경제의 주역이고, 우수한 인재들의 블랙홀이 되어 있다.[62]

현재 미국의 경제력이 상대적으로 하락 추세를 보인다고 해서 미국이 급속하게 몰락하고 있다는 것을 의미하는 것은 아니다. 미국의 제조업 경쟁력이 쇠락하고 있다고 할지라도 미국은 서비스업과 지적재산권 분야에서 세계 최고의 경쟁력을 보유하고 있다. 하지만 국제교역에 있어서 아직도 공산품이 압도적으로 높은 비중을 보이고 있기 때문에, 제조업 경쟁력이 약한 나라의 경상수지가 적자 상태를 벗

---

62) 조지프 스티글리츠, 『스티글리츠 보고서』, 동녘.

어나지는 못한다. 이는 역사적으로 20세기 전반 영국의 경우를 보면 알 수 있다. 또한 제조업은 국민들에게 양질의 안정된 일자리를 제공하고 있기 때문에 제조업이 강한 나라일수록 국민들의 삶이 안정되고 빈부의 격차가 줄어들어서 사회적으로 안정과 평화를 누릴 수가 있다. 반대로 미국처럼 제조업이 몰락하는 나라일수록 국민들의 일자리는 불안정하고 질적으로 하락하면서 동시에 빈부의 격차는 커진다. 이런 사회에서는 계층갈등이 심화되고 범죄가 기승을 부리게 된다.

미국의 잘못된 대외정책이 미국의 쇠락을 부추긴 점에 대해서는 찰스 쿱찬의 저서 『미국시대의 종말』에 훌륭하게 설명되어 있다.

부시행정부의 외교정책은 일방주의—미국의 안보와 이익을 위한 대외정책의 수립과 실행에 있어서 국제사회의 동의를 받을 필요가 없다는 노선—에 토대를 두었는데, 부시행정부 집권 이후 교토의정서에서 탈퇴, 포괄적 핵실험금지조약(CTBT) 반대, 탄도미사일(ABM)조약 탈퇴 등으로 국제사회의 비난을 받았다. 그리고 마침내 이라크전쟁을 계기로 하여 국제사회의 폭발적인 비난과 분노에 봉착하였다. 이로 인하여 독일, 프랑스 같은 제2차 세계대전 이후의 전통적인 우방국들과의 갈등이 야기되었고, 미국의 추악한 실체가 온 세상에 드러나서 국제사회에서 미국의 명망은 추락하였다. 이런 의미에서 부시행정부는 미국의 쇠락에 엑셀을 밟았다고 할 수 있다.[63]

---

63) 찰스 쿱찬, 『미국시대의 종말』, 김영사.

2. 유럽연합의 부상

자본주의와 근대민주주의가 발생한 곳 유럽은 전쟁의 포화가 끊이지 않는 지역이었다. 근대 이후에 발생한 대규모 전쟁만 해도 네덜란드독립전쟁, 지중해전쟁, 30년전쟁, 7년전쟁, 나폴레옹전쟁, 보불전쟁, 제1차 세계대전, 제2차 세계대전 등이 있었고, 규모가 크지 않거나 국지적인 전쟁은 이루 다 헤아릴 수가 없다. 특히 20세기 전반기에 발생한 엄청난 규모의 전쟁인 제1, 2차 세계대전을 치르면서 유럽은 폐허로 변했고 산업혁명 이후 누렸던 경제적 우위도 막을 내렸다. 그러나 제2차 세계대전 후 유럽은 잿더미 위에서 다시 태어났고 다시 부흥하였다. 계급갈등, 민족갈등 그리고 파시즘의 뼈아픈 경험을 딛고 새로 태어난 유럽은 일찍이 경험하지 못한 평화의 세상 그리고 자유와 평등이 조화를 이루는 새로운 민주주의사회를 건설하였다. 제2차 세계대전이 끝나고 거의 70년이 지난 오늘날까지 서유럽국가들 사이에서 단 한 번의 무력충돌도 없었다.

제2차 세계대전 후 평화의 토대 위에서 서유럽은 국가적 경계를 무너트리고 경제적·정치적 통합 과정에 박차를 가했다. 처음에는 1951년에 유럽석탄철강공동체(ECSC)로 시작하여 1957년에 유럽경제공동체(EEC)로 그리고 마침내 1993년에 유럽연합(EU)이 탄생하였고, 2002년에 단일화폐 유로가 실제로 사용되기 시작하였다. 또한 냉전이 종식된 1990년대 이후에는 동유럽의 국가들이 통합에 참가하기 시작하였다.

현재의 유럽연합은 단일 연방국가가 아니지만 그렇다고 독립국가들의 단순한 집합도 아니다. 시간이 흐르면서 통합의 깊이는 점차 깊어지고 있으며 경제적 차원에서의 통합을 넘어서 정치적 차원에서의 통합을 시도하고 있다. 유럽의회는 이전에 민족국가가 가졌던 권한 중 다수를 갖고 있다. 유럽법원은 회원국 각국의 법을 대체하고 있으며, 유럽 집행위원회는 무역과 상거래를 비롯해 과거 각국 정부가 독자적으로 처리한 많은 일들을 떠맡고 있다. 또한 유럽연합은 자체적인 군대도 설립했고, 공동 외교정책 수립에 합의하였다.

회원국의 증가로 인하여 유럽연합의 규모는 계속 커지고 있으며 GDP는 2003년에 미국을 능가하였고, 그들이 사용하는 통합화폐 유로는 달러와 경쟁하고 있다. 유럽연합의 1인당 국민소득은 미국과 비슷하지만 노동자들의 임금은 미국보다 훨씬 높다. 이는 유럽연합의 소득분배 구조가 미국보다 훨씬 양호하기 때문이다. 게다가 노동시간을 감안하면 유럽의 우위가 명확해진다. 미국의 노동자는 1년에 평균 866시간 일을 하지만 유럽연합의 노동자는 1년에 평균 691시간 일하고 있다. 유럽연합의 노동자들은 미국의 노동자들 보다 훨씬 조금 일하면서도 더 잘산다는 것을 의미한다. 세계적인 대기업 중에서 유럽연합에 속해 있는 기업의 수가 가장 많다. 글로벌 포춘 500대 기업에 선정된 상위 140개 대기업 중에서 61개 기업이 유럽연합에 속해 있고, 50개가 미국기업이고 29개가 아시아기업이다. 유럽연합과 미국의 노동생산성을 비교해보면 유럽연합의 경제적 성과를 알 수 있다. 유럽이 폐허로 변한 제2차 세계대전 직후부터 1950년대까지 미국 노동자들의 시간당 노동생산성은 영국, 프랑스의 거의 두 배에 이르렀다. 그러나 이후 유럽의 노동생산성은 대부분의 기간 동안 미국보다 빨리 성장하였고 결국 2002년에는 미국과 유럽연합의 노동생산성은 같아졌다. 그리고 2002년 유럽연합 회원국 중에서 독일, 프랑스, 벨기에,

아일랜드, 네덜란드의 시간당 노동생산성이 미국보다 높았다. 미국의
석학 제러미 리프킨은 그의 명저 『유러피언드림』에서 GDP라는 잣대
로는 한 사회의 복지 상태가 제대로 파악되지 않음을 강조하면서, 삶
의 질이란 면에서 유럽연합은 미국보다 월등히 앞선다고 주장하고
있다. 유럽인들은 미국인보다 훨씬 짧은 시간을 일하면서 여가시간을
즐기고 있다. 그리고 뛰어난 보건의료시스템 및 환경, 낮은 범죄율로
인한 삶의 평화로움, 훌륭한 사회보장제도로 인한 삶의 안정감 등에
서 유럽연합은 미국을 훨씬 앞선다.[64]

　물론 군사적인 면에서 유럽연합은 미국의 비교대상이 되지 않는다.
서유럽의 국가들은 오랫동안 NATO 회원국으로서 군사적으로 미국
에 의존하였고, 그들의 역량을 경제와 복지 부문에 집중시켰다. 유럽
연합이 국제무대에서 하나의 축으로서 행세한다고 할지라도 그들이
추구하는 것이 군사력에 의존한 패권은 아닌 것이 확실하다. 따라서
미래에도 유럽연합이 미국과 군비경쟁을 할 것으로 보이지는 않는다.
그럼에도 불구하고 유럽연합은 공동의 안보정책을 수립하고, 군사적
능력을 키우기 위해서 이전보다 강한 노력을 하고 있다.

　국제무대에서 유럽연합의 영향력은 군사력이 아닌 다른 영역에서
크게 작용하고 있고, 그 영향력은 날로 커지고 있다. 유럽이 국제무대
에서 보여주는 행위는 기본적으로 미국과 매우 다르다. 이 점에 관하
여 마크 레오나르드는 그의 저작 『Why Europe?』에서 다음과 같이 간
결하게 표현한다:

---

64) 제러미 리프킨, 『유러피언드림』, 민음사.

"유럽은 세상 모두를 잠재적 친구로 생각한다. 반면 미국은 세상을 잠재적 적국으로 간주한다."

미국은 다른 나라를 매수하거나 무력을 과시하는 방법으로 자국의 의지를 관철시킨다. 그러나 유럽연합은 국방예산이나 마사일 기술 같은 것으로는 측정할 수 없는 새로운 형태의 파워를 갖고 있다. 이러한 파워는 단기적으로 무력에 의한 승리를 통해 얻어지는 힘이 아니라 장기적으로 세상을 바꾸는 힘이다. 유럽의 파워는 그들이 보여주는 자유, 평등, 복지, 평화의 새로운 정치적·사회적·경제적 모델이고 또한 그들이 제공하는 세계 최대의 단일시장이다. 유럽모델은 오늘날 전 세계에서 가장 이상적인 사회형태로 평가되고 있고 전 세계 국가들에 영향을 주고 있다. 유럽의 정치적·경제적·사회적 제도의 매력으로 인하여 지구 상의 점점 더 많은 나라들이 유럽식의 생활방식과 가치를 추구하고 있다.

특히 유럽연합에 가입하고 싶은 주변의 나라들은 유럽연합이 요구하는 가입기준에 도달하기 위하여 자신들의 사회를 개혁하거나 개선하고 있다. 가입조건 중에서 중심을 이루는 것은 민주주의, 법과 질서, 인권보호, 경제안정화 기구 등인데, 유럽연합 회원국이 되려는 나라는 이와 관련하여 8만 쪽에 이르는 유럽규정을 받아들여야 하며, 자국 고유의 제도를 유럽규정에 맞도록 고쳐야 한다. 유럽연합은 가입 대상국이 규정준수를 약속하더라도 그 말을 액면 그대로 받아들이는 것이 아니라 모니터 요원을 파견해 후보 대상국이 규정사항을 실제 제대로 이행하고 있는지 여부를 감시, 감독한다. 이런 과정을 거치기 때문에 유럽연합에 가입하는 나라는 뿌리부터 개조가 이루어진다. 또한 거대한 통합유럽시장은 그 규모로 인하여 EU표준을 글로벌 표준으로 만들고 있다. 전 세계에 있는 수천 개 이상의 기업이 유럽 시장 접근을 위해 자국의 표준 대신 EU표준을 선택한다. 막강한 힘을 갖고 있는 미국의 다국적 기업들조차 최소한 M&A, 유전자조작 식품, 데이터보호 세 분야에서는 미국표준 대신 유럽표준을 따른다.

유럽연합의 영향력은 지리적으로 팽창하고 있다. 예를 들면 구소련지역, 발칸반도, 중동 및 북아프리카의 많은 나라들에게는 EU가 최대 무역파트너이자 최대의 금융지원국 및 직접투자국이고 동시에 최대의 원조자금 공급국이다. 따라서 이 지역 국가들 중 많은 수가 자국 환율정책의 기준통화로 유로를 채택하거나 자국화폐와 병용통화로 유로를 사용하고 있다. 유럽은 이들의 유럽의존성을 이용해 이 지역 국가들을 개별적으로 유럽의 법적·정치적 우산 아래 두기 위해 많은 협정을 맺어왔고, 이들 국가가 유럽의 원조를 받으려면 인권, 이민정책, 경제개혁 등을 유럽이 제시하는 조건에 맞춰야 한다.[65]

유럽연합이 주변국들에 행사하는 영향력은 파워에 의존하는 전통적인 방식과는 완전히 다른 것이다. 유럽연합의 영향력은 다른 나라의 긴장감, 경계심 및 반발을 야기하지 않는 흡인력이라고 할 수 있다. 무력을 토대로 하는 미국식의 영향력은 필연적으로 파괴나 군비의 낭비로 귀결되지만, 유럽식의 평화로운 영향력은 새로운 사회를 건설하는 동기가 된다.

오늘날 미국과 유럽이 국제무대에서 보여주는 대조적인 행위방식에 대하여 로버트 케이건의 저작 "미국 VS 유럽 갈등에 관한 보고서"

---

65) 마크 레오나르드, 『유럽의 세계지배』, 매일경제신문사.

는 명쾌한 설명을 제공하고 있다. 유럽은 여러 가지 문제에 대응할 때 대체로 강압보다는 협상과 외교술, 설득을 앞세우는 식의 평화적 수단을 선호한다. 주로 국제법과 국제협약, 국제여론에 호소하는 방식을 사용하여 분쟁을 해결하려 한다. 반면에 미국은 국제무대란 기본적으로 무정부적이고 국제법규는 효력이 없다고 생각한다. 그리고 유엔과 같은 국제기구를 통해 국제무대의 질서가 확립되고 분쟁이 해결될 수 있다는 가능성에 대하여 회의적인 시각을 가지고 있다. 따라서 국가안보와 국가이익을 지키기 위해서는 군사력이 중요한 수단이라고 생각한다. 만약에 적대세력과 맞서게 될 경우나 분쟁이 발생했을 경우 대체로 설득보다는 강압책을 선호하고, 그렇기 때문에 강한 군사력에 토대를 둔 파워는 매우 중요하게 간주된다.[66]

그러나 오늘날같이 정치, 경제, 문화가 세계화된 세상에서 무력과 강압에 토대를 둔 행위방식과 이와 대조적으로 국제법과 타협에 무게중심을 둔 행위방식 중에서 어떤 것이 국제사회에서 신망을 얻고 설득력을 가질 것인지는 불을 보듯 뻔하다. 오늘날 지구 상의 어느 한 지역에서 정치적·경제적 또는 사회적으로 위태로운 사건이 발생하면 그 여파는 전 세계를 향하여 일파만파로 전달된다. 흔히 목격할 수 있는 바대로 전 세계 증시가 동반폭락하면서 패닉 상태에 빠진다. 따라서 오늘날의 군사적 긴장 또는 충돌은 그것이 아무리 국지적인 것이라고 할지라도 전 세계 경제에 주는 영향은 이전에 비해서 매우 커졌다고 할 수 있다. 또한 군사적 행동은 그로 인하여 발생하는 이익에 비해서 과도한 비용을 야기하기 때문에 오늘날의 세상에서는

---

66) 로버트 케이건, 『미국 vs 유럽 갈등에 관한 보고서』, 세종연구원.

갈수록 인기가 떨어지는 수단이다.

유럽연합이 보여주는 국제무대에서의 평화주의적 행동방식은 갈수록 국제사회에서 신망을 얻고 있고, 이러한 신망은 바로 국제무대에서 유럽의 영향력을 키워주는 양분이 되고 있다. 국제무대에서 유럽연합이 수행하는 평화의 전도사 역할은 유럽연합의 위상을 강화하고 있다. 예를 들면 2001년 부시행정부가 대북한 정책을 강경노선으로 선회하였을 때 유럽연합은 미국을 대신하여 중재자의 역할을 자청하였다. 2002년 유고슬라비아에서 그리고 이스라엘에서의 분쟁을 중재하고 조정하는 역할을 수행하기도 하였다. 이러한 행위는 유럽연합이 추구하는 이념에 뿌리를 두고 있기도 하지만 동시에 유럽연합의 자신감을 드러내는 것이다. 이라크전쟁 이후에 발생한 사건들을 보면 이제 유럽연합은 국제무대에서 더 이상 미국의 우방이라고 볼 수 없으며 반대로 강력한 견제세력의 역할을 하고 있다.

3. 중국의 부상

동양문명의 발생지이고 스스로를 이 세상의 중심이라고 부른 나라, 17세기까지 아마도 세계에서 가장 큰 경제력을 가진 나라 그리고 19, 20세기에 병든 거인으로 전락하여 서구와 일본에 굴욕, 갈취, 고통을 당한 나라 중국이 다시 용솟음치면서 세계인의 주목을 받고 있다. 세계 최고의 경제성장률을 보이면서 최근에 GDP 규모는 일본을 능가하여 국가별로는 미국 다음의 2위 자리를 차지했다. 아직은 1인당 국민소득이 낮은 빈국이지만, 그 큰 영토와 세계 1위의 엄청난 인구를 보유한 나라로서 자타가 인정하는 강대국이다. 20세기 말부터 급부상하고 있는 중국의 파워는 기본적으로 중국경제의 고도성장에 뿌리를 두고 있다. 경제적인 고도성장과 함께 수출 세계 1위, 외환보유고 세계 1위, 미국국채보유 세계 1위 등의 지위는 중국의 경제적 파워를 실감나게 해주고 있다.

중국의 경제적 도약을 설명하기 위해서는 많은 요인을 설명해야 하지만 그 출발점은 체제의 전환에 두어야 할 것 같다. 국공 내전을 거쳐서 1949년 중국공산당이 중국대륙을 차지한 후에 중국공산당은 이전의 국민당 통치하에 형성된 중국의 자본주의체제를 가급적 빨리 사회주의화시키려고 하였다. 급진적 사회주의자였던 모택동의 지도하에 1950년대 생산수단의 사회주의화(농업의 집단농장화 및 기업의 국유화)를 급하게 추진했는데, 이러한 사회주의화의 결과는 참담하였다. 생산수단의 사회주의화로 인하여 자본가계급과 지주계급은 사라졌지만 중국의 생산력은 급락하여 빈곤의 쓰나미가 몰려왔다. 이로 인하여 급격한 사회주의화를 추진한 모택동과 그의 추종자들은 사태에 책임을 지고 중국공산당 내에서 주도권을 내놓게 되었고, 유소기와 등소평 같은 이념보다 실리를 중시하는 이른바 실권파가 집권하여 사회주의화를 중단하고 생산력을 끌어 올릴 방안을 추진하였다. 그러나 재집권의 욕망을 억제할 수 없었던 모택동은 이른바 4인방을 앞세우고, 젊은 학생들과 청년들을 선동하여 1965년에 "문화혁명"이라고 불리는 새로운 극좌 운동을 시작하였으며 이를 통하여 다시 집권하였다. 문화혁명의 시대에 유소기, 등소평 등은 실각하였고, 그들을 포함하여 수많은 사람들이 자본주의적 잔재를 청산하지 못했다는 이유로 박해를 받았다. 이와 함께 중국의 생산력은 극도로 추락하여 사방에서 굶어 죽는 사람들이 발생하였다. 결국 문화혁명은 자체의 문제점과 국민들의 원성에 부딪쳐서 서서히 시들어갔고, 1976년 모택동의 사망과 함께 등소평이 집권하면서 완전한 종말을 맞이하였다.[67] 새로이 집권한 등소평은 중국의 경제발전을 추진하여 빈곤에서 벗어나야 한다는 것을 중국의 새로운 지도노선으로 채택하고, 1978년에 이른바 개혁, 개방을 공식적으로 표방하게 된다.

개혁, 개방과 함께 중국의 사회주의체제에는 시장경제적 요소가 도입되어 경제적 효율성을 향상시켰으며, 자국에 부족한 자본과 기술을 외국에서 끌어들여서 자국의 풍부한 노동력과 결합시켜 생산한 상품을 해외시장에 수출하는 전략을 추진하여 대성공을 거두었다. 중국의 동남부지역에 외국의 기업이 물밀듯이 밀려들어와 공장을 세우고 중국인들을 고용하여 저임금으로 생산한 상품을 해외시장에 싼 가격으로 수출하였는데, 뛰어난 가격경쟁력으로 인하여 중국 상품은 전 세계의 저가품시장을 장악하게 되었다. 늘어나는 무역흑자는 중국의 외환보유고를 증가시켰고, 넘치는 외환으로 해외의 자산을 획득하여 오늘날 중국은 해외자산 투자에서 1위국이 되었다. 물론 이 과정에서 사회적 부작용도 많이 발생하였다. 예를 들면 환경오염, 지역적 불균형, 계층별 소득격차의 확대, 부정부패, 물질만능주의, 부동산 및 증권 투자열풍으로 인한 자산시장 거품현상, 과도한 에너지 소비, 이농현상으로 인한 농업생산 감소, 과도한 무역흑자로 인한 외국과의 무역 갈등 등은 오늘날의 중국경제가 안고 있는 문제점이라고 할 수 있다.[68] 그러나 중국공산당은 많은 문제점을 슬기롭게 해결하면서 지금까지 큰 도전 없이―1989년 천안문사태는 큰 도전으로 볼 수 없

---

67) 윤영만, 『중국혁명사』, 세계.

68) 고정식 등, 『현대중국경제』, 교보문고.

다- 독재적인 권력을 유지하고 있다. 몇 년 전에 프랑스의 문명비평가 기 소르망은 그의 저작『중국이란 이름의 거짓말』에서 현대 중국사회는 외부에서 생각하는 것보다 매우 큰 문제점과 모순이 존재한다는 것을 지적하였는데,[69] 그의 주장 중에서 상당한 부분이 사실이라고 할지라도 그것이 중국에서 공산당의 통치와 중국의 팽창에 치명적인 장애가 되지는 못하리라 생각된다.

사실 중국인들 중에서 중국의 민주화를 위하여 투쟁하는 이른바 민주화세력이 중국영토의 안팎에 존재하고 있지만, 그들의 힘으로 중국의 독재정치가 붕괴될 것이라고 예상하기에는 아직 너무 이르다. 또한 경제발전에 도취한 중국국민들이 공산당의 통치에 대하여 크게 반발하지 않고 있는 것도 사실이다. 최근 나온 마크 레너드의 흥미로운 저작『중국은 무엇을 생각하는가?』에서 지적되었듯이, 중국공산당은 자신들의 통치를 정당화시키고, 국가적 정체성을 확립하기 위한 이념적 작업에 이미 몰두하고 있다. 그 이념의 이름이 무엇이든지 상관없이 중국공산당은 자신들의 통치를 계속 유지하면서 국가주의를 통하여 국민을 결속시키려 하고 있다. 또한 중국정부의 정책적 노선을 보면 후진타오 지도하의 현 집권층은 중국사회의 지역별·계층별 격차를 완화하고 공동체 의식을 강화하여 중국이 서구식 민주주의와 미국식 자본주의사회를 지향하지 않는다는 것을 명백히 하였다.[70]

중국은 경제력의 증가와 함께 군사력의 확대에도 많은 투자를 하고 있어서 중국의 군사력은 점차 미국 수준으로 다가가고 있다. 이와 함께 중국정부의 대외적 발언권도 강해지고 있는데, 최근에는 미국의

---

69) 기 소르망,『중국이라는 거짓말』, 문학세계사.

70) 마크 레너드,『중국은 무엇을 생각하는가』, 돌베개.

대외정책에 대하여 가장 강력한 견제자의 역할을 하고 있다. 현재의 중국을 볼 때 가장 먼저 눈에 띄는 것은 국가주의적 경향이다. 중국의 국가주의는 19, 20세기 굴욕적 역사의 산물로서 중국사회 통합의 동력이고, 오늘날 중국공산당의 통치이념이 되어 있다. 이러한 국가주의적 경향으로 인하여 중국은 역사적으로 권리가 있던 과거의 영토를 회복하려고 하고 있고, 이로 인하여 주변 국가들과 갈등에 빠졌다. 예를 들면 1995년과 1996년 대만해협에서 있었던 군사훈련, 1988년과 1994년 베트남 해군과의 교전, 1995년 필리핀과 영토 갈등을 벌였던 미스치프 산호초 섬 강점 등의 사건을 볼 때 중국은 군사적 수단까지 서슴지 않겠다는 의지를 표현했다. 물론 그 이전에도 1962년 인도와의 국경전투, 1968년 러시아와의 아무르 강 유역의 전투가 있었다. 이와 같은 현상을 볼 때 중국의 부상은 주변 국가들을 불안하게 만드는 요소가 틀림없다.[71] 그러나 새뮤얼 헌팅턴이 화제의 저작『문명의 충돌』에서 예견하듯이 태평양지역에서의 패권을 둘러싸고 중국이 미국과의 전면적인 전쟁을 벌일 것이라는 생각은 지나치게 과장된 것이다.[72] 중국이 패권주의적 경향을 가지고는 있지만, 현대의 중국이 가장 중점을 두고 있는 것은 경제적 발전이고, 전쟁은 기술, 자본 및 시장을 해외에 의존하고 있는 중국의 경제적 발전을 장애하는 요소이기 때문에 중국정부는 대규모의 군사적 충돌을 가급적 회피하고 있다. 최근 대만과의 군사적 긴장관계가 점차 약화되고 있는 것은 중국이 기본적으로 무엇을 추구하는지를 암시해준다. 기본적으로 세계화의 진전과 국제교역의 증가 역시 군사적 충돌의 가능성을 약화

---

71) 하랄트 뮐러, 『문명의 공존』, 푸른숲.

72) 새뮤얼 헌팅턴, 『문명의 충돌』, 김영사.

시킨다. 그럼에도 불구하고 중국이 아시아 태평양지역에서 강한 영향력을 행사하려는 의도는 명확하고 특히 해양세력인 미국과 일본을 견제하려는 의지를 갖고 있는 것은 사실이다. 이러한 의도는 정치적 및 경제적 차원에서의 행위를 통하여 표현되기 때문에 실제 전쟁의 가능성이 미약하더라도 군비확장의 필요성은 제기된다.

최근 미국과 중국은 상대방을 가상의 적으로 간주하면서 자신들의 무기체계를 갖추고 있다. 규모와 기술적인 수준에서 아직은 미국이 앞서고 있지만, 최근 미국이 군축을 시작하였고 반면에 중국의 군비확장은 계속되고 있기 때문에 미국의 우위는 점차 사라질 것으로 보인다. 결론적으로 현재 진행되고 있는 상황을 비춰볼 때 기본적으로 미국의 중국에 대한 경제적·군사적 우위가 점차 사라지면서 국제무대에서 미국의 패권에 대한 중국의 도전이 거세질 것이다. 특히 전통적으로 중국이 지배적 세력으로 군림했던 아시아지역에서 미국의 영향력은 중국의 도전으로 점차 약해질 것은 분명하다.

XI.

현대한국의 조화와 순환

외국의 어떤 학자가 한국에 관하여 쓴 자신의 저술 맨 앞부분에서 "제2차 세계대전 이후 이렇게 극적이고 흥미로운 역사를 가진 나라를 일찍이 보지 못하였다"라고 했던 말을 기억해본다. 해방 이후 지금까지 거의 70년이 다되어가는 세월 동안 한국인들은 격동의 세월을 살았다. 정치적으로는 분단, 전쟁, 군부쿠데타 그리고 민주화를 경험하였고, 경제적으로는 굶주림에서 출발하여 "한강의 기적"을 이루면서 선진국 수준의 생활에 도달하였다. "한(恨)"으로 특징지어졌던 한국인의 정서가 "극성과 발랄"로 변하였다. "조용한 아침의 나라"가 "시골 장터"만큼 시끄러운 나라가 되었다. 이와 더불어 해방 이후 한국사회는 부조화에서 조화로의 이행을 그리고 하락과 상승의 극명한 순환파동을 보여주었다.

1. 현대한국의 조화

해방 후 한국사회가 경험한 대표적인 부조화는 이념적 독단과 정치적 독재라고 할 수 있다. 해방 후 남한사회에서 좌익과 우익의 이념대립은 극단적인 모습을 띠었다. 해방 후 남한에서는 이승만과 그를 추종하는 일제하 민족반역자 집단이 극단적인 우익으로 출현하였고, 반대편에서는 조선공산당을 중심으로 하는 세력이 극단적인 좌익의 중심을 형성하였다. 두 세력의 중간에 중도우파 민족주의자 김구와 중도좌파 민족주의자 여운영이 있었지만 두 사람 모두 암살당하여 정치의 무대에서 사라지고 만다.

좌익과 우익은 해방 후 승전국들에 의한 한반도의 신탁통치 문제를 둘러싸고 우익은 반탁, 좌익은 찬탁으로 극명한 대립을 보였다. 그리고 이후에는 토지개혁문제에서 우익은 유상몰수 유상분배 그리고 좌익은 무상몰수 무상분배를 주장함으로써 양측은 다시 극단적인 대립을 하였다.73) 결국 두 세력은 한국전쟁 이전부터 사실상의 무력대결을 시작하였다. 1948년 미국의 후견하에서 남한만의 단독정부가 들어서고 남한은 자본주의 국가가 되었다. 이후로 공산주의자들은 지하에서 남한의 공산화를 위한 혁명운동을 시작하였다. 남한에 정부가 들어선 후부터 한국전쟁이 발생할 때까지 약 2년 동안 좌우익의 대결은 도시 한복판에서 총격전을 벌이거나 산지에서 좌익 유격대(빨치산)와 남한 군경 사이의 전투 형태로 나타났다. 이 시기에 있었던 최대의 무장충돌은 이른바 여순반란 사건으로서 남한군대에 침투해 있었던 좌익 군인들이 남로당의 지령에 의해서 무장봉기를 한 것인데, 그 뒤로도 대구지역에서 두 번에 걸쳐서 좌익 군인들의 반란이 발생하였다. 무장한 좌익세력들은 지리산, 오대산, 태백산 등지에서 유격대를 결성하여 이승만 정권과의 투쟁의지를 불태웠다. 이 시기에 좌

---

73) 강만길, 『20세기 우리 역사』, 창비.

익과 우익의 투쟁이 격렬했던 이유 중의 하나는 바로 이승만정권의 성격에 있었다. 즉 친일지주 및 친일관료들을 기반으로 성립된 이승만정권은 정통성이 매우 취약했기 때문에 좌익들에게 투쟁의 명분을 제공하였다.[74)]

한반도에서 좌우익의 대결은 한국전쟁으로 정점에 이르게 된다. 3년 1개월간의 전쟁 동안 남북한 양쪽에서 약 150만 명의 사망자와 360만 명의 부상자가 발생하였고, 한반도 전체는 폐허로 변하였다. 그리고 통일도 이루지 못하고 분단된 상태에서 휴전이 되었다. 한국전쟁이 끝난 이후 남한의 좌익세력은 지리산에서 유격전을 하다가 완전 소탕되거나 남로당 수뇌부처럼 월북하였다가 김일성일파에게 숙청당하여 괴멸되었다. 결국 한국전쟁을 통하여 남한은 완전히 우익들이 지배하는 땅으로 변하였고 그 후로 한국정부는 반공을 국시로 삼고 철저하게 이념적 독재를 실행하였다. 한국사회에서 반공은 최상의 가치를 지닌 이념이요, 도전받을 수 없는 최고의 진리였으며 또한 과거에 그 어떤 죄악을 저지른 사람도 반공투사로 변신하면 면죄부를 받았다. 이 과정에서 일제하 민족반역자들이 모두 반공투사로 변신하여 애국자로 세척되었다. 반면에 한국사회에서 공산주의 사상을 갖는다는 것 자체가 죄악이었고 처벌의 대상이 되었다. 국가보안법이란 무시무시한 법률이 만들어져서 세칭 "빨갱이"를 처벌하는 도구로 사용되었다. 빨갱이로 몰리면 맞고, 고문당하고 심지어 목숨을 잃어도 하소연할 수 없는 세상이 되었고 인권은 무자비하게 유린되었다. 독재자 이승만과 자유당은 자신들의 권력에 도전하는 사람들 또는 자신

---

74) 강만길, 『20세기 우리 역사』, 창비.

들의 독재를 비판하는 사람들을 이른바 "빨갱이"로 몰아서 정치적 박해를 가하였다. 대표적인 사례로서 1956년 대통령선거에서 자유당의 이승만과 대결한 진보당의 조봉암은 "괴씸죄"로 인하여 빨갱이로 몰려서 사형당하였다. 정치권에서 뿐만 아니라 일반 국민들조차도 자기가 미워하는 사람을 빨갱이로 몰아서 보복하려는 행위가 속출하였다. 한국 땅에서 빨갱이로 몰리면 그날로 인생은 끝장이 났고, 어린이들은 빨갱이란 얼굴이 붉고 머리에 뿔이 있는 괴물이라고 생각하였다. 1960년 4·19혁명이 일어나서 이승만정권이 축출되고 민주당정권이 들어서면서 반공의 폭압은 약해졌지만 일 년 후 5·16 군부쿠데타가 발생하면서 다시 반공의 폭압 속으로 빨려 들어갔다.

군부독재정권은 자신들의 독재를 정당화하고 자신들의 권력을 지키는 수단으로 다시금 반공을 이용하기 시작하였다. 군사독재정권 기간 동안 수많은 민주화 운동가들이 이른바 빨갱이로 몰려서 고문당하고, 투옥되고 또는 사형되었다. 1980년대 말부터 한국사회가 민주화되면서 반공의 폭압은 점차 약해졌고, 국가보안법에 의해서 공산주의 활동은 금지되고 있지만 학술적 차원에서는 공산주의에 대한 연구가 이루어지고 있다. 오늘날 대부분의 공산주의국가들이 사라진 현실 속에서 더 이상 반공의 폭압은 가능하지 않게 되었고, 이념에 관한 논쟁과 연구는 활발히 진행되고 있다. 아직은 완전하지 않지만 한국사회는 좌우의 이념이 점차 조화롭게 공존하는 시대로 이행하고 있다. 이는 결국 부조화의 시대가 조화의 시대로 이행하고 있음을 의미한다. 한 사회에 사상의 자유가 보장된다면 다양한 사상이 조화를 이루는 세상이 되는 것이 세상의 이치이다. 그러한 사회에서 민주주의가 꽃을 피우고 사회구성원들은 자유와 평화를 누리면서 살아갈

수가 있다. 사상의 자유가 지니는 엄청난 가치를 존 스튜어트 밀은
그의 명저 『자유론』에서 다음과 같이 설명한다:

> *위대한 사상가를 위해서만 사상의 자유가 허용되어야 하는 것은
> 아니다. 평범한 보통 사람들도 뛰어난 사람 못지않게, 아니 그들보다
> 더 그런 자유가 필요하다. 그래야만 각자 타고난 능력만큼 정신적인
> 발전을 도모할 수 있기 때문이다.*[75]

2. 현대한국의 순환

식민지시대와 전쟁을 거치면서 끝없는 경제적 쇠락으로 엄청난 빈
곤을 경험한 한국이 1960년대부터 고도성장을 통하여 빈곤을 극복하
고 선진국의 대열에 합류한 것은 극적인 순환파동이었다고 할 수 있다.

흔히 5,000년 가난이라고 하지만 고대와 중세시대의 빈곤은 우리
만의 이야기가 아니고 전 세계의 일반적인 현상이었다. 그 시대에 지
구 상의 어느 곳에서나 대부분의 사람들은 하루 세끼 끼니 때우기가
어려웠고 굶주림은 인간사회의 흔해 빠진 이야기였다. 우리의 역사에
서 가난이 유별난 이야기가 된 것은 일제의 식민통치 때문이었다. 20
세기 전반까지 아직 선진국의 대열에 끼지도 못한 나라 일본의 식민
지가 됨으로써 무자비한 수탈의 대상이 되었고, 특히 소아시대 일본
군부정권의 군국주의적 팽창야욕 때문에 중일전쟁 및 태평양전쟁이
발생하여 그들의 전쟁을 뒷바라지하느라 엄청난 수탈을 당하였다. 가

---

75) 존 스튜어트 밀, 『자유론』, 책세상.

뜩이나 농토가 좁고 비옥하지 못한 땅에서 엄청난 수탈을 당하였으니 그 빈곤을 어찌 다 말로 할 수 있었겠는가? 게다가 당시 전 국민의 대부분을 차지하고 있던 소작농들은 지구 상에서 유래를 찾기 힘든 잔혹한 소작제도 아래에서 신음하였다.[76] 도시로 이주해보아야 할 일을 찾을 수 없던 시대에 농촌을 떠날 수도 없는 것이 현실이었다. 그러다가 해방을 맞이하였다. 해방 이후 좌우익의 대결과 남북분단으로 인한 정치적 혼란이 휩쓸고 지나가고 더군다나 전 농민의 바람이었던 토지개혁마저 지체되면서 대부분 국민들의 생활은 나아지지 않았다. 그리고 한국전쟁이 발발하여 전국이 잿더미로 변하고 수많은 사람이 목숨을 잃었다. 1953년 휴전 이후 한국인들은 폐허 속에서 굶주리면서 생활을 하였다. 미국의 원조 이외에는 별다른 경제적 대책을 찾지 못한 이승만정권하에서 국민들은 빈곤으로 신음하였다. 4·19혁명이 일어난 1960년에 한국의 1인당 국민소득은 80달러 정도로서 아프리카의 극빈 국가 수준이었다. 이승만정권의 몰락은 피할 수 없는 것이었다. 빈곤의 문제를 해결하지 못하는 주제에 독재에다 부정선거까지 정말로 가관이었다.

4·19는 위대한 거사였지만 그로 인하여 공짜로 정권을 잡은 민주당정부는 단명하였다. 하지만 민주당정부의 무능을 말하기에는 집권 기간이 너무 짧았다. "더 이상 견딜 수 없었던 빈곤"은 당시의 한국사회를 단적으로 표현하는 말이다. "바람 앞의 촛불 같은 조국을 더 이상 지켜볼 수 없었다"는 5·16 군부쿠데타의 주역들이 자신들의 행위를 정당화하기 위하여 만든 말이다. 그것이 군부쿠데타의 명분이

---

76) 송건호 등, 『해방전후사의 인식』, 한길사.

되어서는 안 되는 일이었지만, 한국의 상황은 실로 그랬다. 그리고 빈곤에 지친 국민의 대부분은 군부쿠데타에 저항하지 않았다. 그들은 단지 세상에 변화가 오기만을 바랐다. 설령 그것이 무도한 군인들의 통치였다고 하더라도. 극도의 빈곤으로 인하여 그토록 어렵게 얻어낸 민주주의를 이 땅의 국민들은 외면했다. 민주주의는 한 그릇의 밥보다 가치가 없어 보였다. 사람들은 그것을 이렇게 표현했다:

"민주주의가 밥 먹여 주냐?" 지금도 이 땅에 남아 있는 박정희 예찬자들이 변함없이 하고 다니는 말이다. 당시 한국사회는 이른바 "개발독재"가 성립될 수 있는 최적의 토양이었고 그 위에서 정부주도형 혹은 수출주도형이라고 불리는 경제개발 정책이 시작되었다. 그리고 1964년부터 한국경제는 고도성장을 시작하였다. 전국의 스피커에서 이른 아침부터 "잘살아보세"를 외치면서 오로지 경제성장만이 이 세상에서 최고의 가치를 지닌 것으로 예찬하면서 절대적 빈곤국가 한국은 절대적 빈곤으로부터 탈출하였다. 그리고 전 세계인의 주목을 받은 고도성장으로 인하여 "한강의 기적"이라는 칭호도 얻었다. 바로 개발독재가 생명을 유지할 수 있는 적절한 토양이었다. 경제성장이라는 단어는 독재, 불의, 인권유린과 폭력을 모두 덮어주는 무소불위의 단어였다. 독재자들의 일반적 속성으로 영구집권의 의지는 이러한 토양 위에서 꽃을 피웠고 그것은 1970년대에 유신이란 이름으로 등장하였다.

그러나 경제를 빌미로 한 독재정권이 무한정 지속될 수는 없는 법이었다. 결국 부산, 마산의 민주화시위를 계기로 권력내부에서의 갈등이 술자리에서 총격전으로 비화되어 박정희정권은 무너졌다. 하지만 오랜 독재가 뿜어낸 독기는 쉽게 세척되지 않는 법이었다. 이는 한번 권력의 맛을 본 정치군인들이 군인의 초심으로 돌아갈 리가 만무하기 때문이다.

박정희의 비호 아래 군대 내의 온갖 요직을 차지한 군대 내 사조직 "하나회"는 자신들의 보호자가 죽음으로써 그들에게 다가올 종말을 그냥 앉아서 맞으려고 하지 않았다. 결국 그들은 권력욕망을 불태우며 쿠데타를 시도하여 성공하였고, 80년대 초에 흔히 신군부라고 불리는 새로운 독재정권이 다시 출현하였다. 이런 과정을 통하여 이제야 명확해진 것이 있다면, 그동안의 경제성장은 민주주의를 제물로 하여 이루어졌다는 것이다. 오늘날 일부 정치경제학자들이 한국, 대만, 싱가포르 같은 아시아 신흥공업국들에서 독재정권은 고도성장에 기여했다고 주장하면서, 개발도상국의 산업화에 있어서는 독재가 차라리 나을 수도 있다는 논리를 내세우고 있다. 하지만 독재정권이 경제발전에 기여하는 것은 다른 조건들(국민들의 근면성, 높은 교육열, 효율적인 관료제도 등)이 충족될 때만 가능한 것이다. 만약에 이런 조건이 충족되지 않으면 독재는 경제발전에 약이 아니라 독이 된다. 우리가 아프리카와 라틴아메리카의 많은 나라들을 쳐다보면 이런 사례를 쉽게 발견할 수 있다. 또 하나 반드시 짚고 넘어가야 할 것이 있다. 설사 독재정권이 어느 기간 동안 경제적 성과를 올리고 그를 통하여 자신들의 통치를 정당화시켰다고 할지라도, 경제성장이 계속되어 국민들이 부유해지면 국민들은 민주화를 요구하게 되고 그리하여 결국 독재정권은 붕괴된다는 것이다. 그것은 인간이 가지고 있는 고유한 속성으로서 배가 불러지게 되면 밥에 대한 관심보다는 지금까지 향유하지 못한 다른 것에 대한 욕구가 강해지는데 그것은 바로 자유이기 때문이다. 한국과 대만의 경우 1인당 국민소득이 중진국의 수준에 도달하자 바로 이 자유에 대한 국민의 욕구가 분출하였고 그로 인하여 독재정권은 종말을 맞이하게 되었다. 프랜시스 후쿠야마가 그의 저작『강한 국가의 조건』에서 언급했듯이 이 세상에 존재하는 모든 독재체제에는 국민과 독재자 사이에서 눈에 보이지 않는 타협이 존재한다는 것이다.[77] 개발독재의 시대에는 "밥과 독재"가 타협한 것이었다. 그러나 밥을 충분히 먹을 수 있는 시대가 오면 이전의 타협은 더 이상 유효하지 않게 된다. 따라서 새로운 사회로 이행하게 된다. 그것은 밥도 충분히 먹고 자유도 향유하는 세상이다.

이제 한국사회는 어디로 갈 것인가? 종합적으로 볼 때 경제적인 고도 성장기는 끝난 것이 확실하다. 그렇다면 이제부터 한국경제의 하락파동이 시작되는 것일까? 경제성장의 측면에서 볼 때 그것은 아닌 것 같다. 다만 낮은 성장기에 들어갔을 뿐이다. 그런데 문제는 고도성장에 익숙해진 국민들의 높은 기대치에 있다. 관성의 법칙을 생각해 보면 명쾌해진다. 빠른 속도로 달리고 있는 자동차에 타고 있는 사람들은 속도가 늦어지기 시작하면 후진하고 있다고 느끼게 된다. 그로 인하여 많은 사람들은 과거 군부독재시절의 고도성장에 향수를 느끼고 있다. 이와 함께 정치지도자가 잘만 하면 다시 고도성장을 할 수 있다는 환상을 갖고 있다. 그래서 몇 년 전에 추진력이 좋다고 알려진 어떤 대권후보에게 도덕적 결함에도 불구하고 몰표를 던졌다. 그러나 많은 사람들이 반드시 알아야 할 것이 있다. 그것은 오늘날처럼 세계화와 경제의 자유화가 정착된 시대에는 정치지도자 또는 정부가 할 수 있는 운신의 폭이 이전 시대에 비해 크게 제한된다는 사실이다.

---

77) 프랜시스 후쿠야마,『강한 국가의 조건』, 황금가지.

추진력 좋은 정치가가 고도성장을 만들 수는 없다. 왜냐하면 시장경제체제에서 경제성장이란 기본적으로 시장에 맡겨져 있기 때문이다.

고도성장을 만들겠다고 떠들고 다니는 정치가가 생각하는 것은 오로지 유권자의 표밖에 없다. 이 세상에서 가장 믿을 수 없고 책임감 없는 말은 남자의 결혼공약과 정치가의 선거공약이라는 것은 변함없는 진리이다.

경제성장 이외의 다른 요소를 가지고 평가해볼 때 한국사회의 질적인 하락현상이 나타나고 있다. 예를 들면 경제력집중, 소득불평등, 실업의 증가, 부정부패의 심화, 공정경쟁질서의 쇠락 등을 경제적 차원에서 들 수 있다. 정치적으로는 민주주의의 퇴보 현상이 나타났고, 사회적으로는 불의가 판치고, 도덕적으로 붕괴되었으며, 범죄는 나날이 파렴치해지고, 사람들은 점점 더 이기적으로 행위하고 있다.

지난 몇 년 동안 한국사회의 흐름을 총체적으로 볼 때 하락하는 사회라는 느낌을 지을 수가 없다. 단지 이러한 현상이 특정 시대, 특정 정권하에서 나타난 일시적인 현상인지 아니면 한국사회의 추세적 변화의 방향인지는 명확하지 않다. 물론 어떤 나라이든지 상승기가 있으면 반드시 하락기가 있는 법이다. 한국의 경우 대략 50년의 상승기가 이제 마감되고 새로운 하락기가 시작되고 있는가에 관심이 쏠리고 있다.

한 사회의 흥망성쇠를 국민성이란 요인을 통하여 설명하면 많은 경우 좋은 해답을 얻을 수 있다. 경제성장이든지 또는 정치적 발전이든지 그것들은 모두 사람들의 사회적 행위의 결과물이기 때문이다. 국민성이란 고정된 것이 아니고 환경과 시대의 변화를 반영하여 변화하게 된다. 그것은 똑같은 유전자를 지녔지만 조선시대의 한국인과 현대의 한국인이 다른 국민성을 보이는 것을 보면 알 수 있다. 지난 50년간 한국사회가 크게 변하면서 한국인의 국민성도 크게 변하였다. 결국 우리는 오늘날 한국인의 국민성이 한국사회의 쇠락을 초래할 수밖에 없는 국민성인가 하는 질문을 던질 수밖에 없다. 사회발전에 긍정적인 역할을 하는 국민성에는 근면성, 진취력, 절제력, 용기, 정의심, 독립심, 합리적 사고, 질서의식, 타인에 대한 배려 등이 중심을 이루고 있다. 반면에 한 사회의 쇠락을 부채질하는 국민성이란 나태, 무절제, 무질서, 이기심, 향락, 비겁함, 타인에 대한 의존심, 비합리적 사고, 무계획성 등으로 특징지을 수 있다. 오늘날 한국인의 국민성을 전체적으로 볼 때 긍정적 요소의 비중은 점차 낮아지고 있고, 부정적 요소의 비중은 점차 높아지고 있음을 알 수 있다. 이것이 지금 우리가 한국사회의 쇠락을 언급할 때 가장 우려하는 부분이다.

20세기의 탁월한 경제사학자인 찰스 킨들버거는 그의 명저『경제강대국 흥망사』에서 경제적으로 노화를 보이는 나라의 특징을 "*변화에 대한 저항, 경직성, 위험의 회피, 생산보다는 소비와 부의 축적으로 관심이 이동하는 것*"이라고 지적하면서, "*그것은 가장 현명한 정책으로도 되돌릴 수가 없다*"고 하였다.[78] 즉, 상기의 증세가 나타난 나라에서는 백약이 무효이기 때문에 쇠락을 막을 수가 없다는 뜻이 된다. 만약에 한국사회를 킨들버거 병원에서 진찰하게 한다면 어떤 진단결과가 나올 것인가? 전체적으로 평가할 때 상기의 증세는 아직 한국에서 명확하게 나타나지 않았다고 할 수 있다. 결국 현재의 한국사회가 상승파동에 놓여 있는지 아니면 하락파동이 시작되었는지를

---

78) 찰스 킨들버거, 『경제강대국 흥망사』, 까치.

판단하기가 매우 어려운 상황에 놓여 있다. 지금의 상황에서 단지 우리가 바라는 바는 한국사회의 부정적 요소들이 가급적 치료되어 상승파동이 좀 더 지속되는 것이다.

국가의 흥망성쇠는 생명체의 생로병사처럼 인간의 의지가 개입할 여지가 없는 완전히 운명적인 것은 아니다. 또한 주위환경의 변화로 인하여 발생하는 우연적인 요소들도 중요한 역할을 한다. 그렇기 때문에 차후 한국의 전망이라는 것이 매우 어려운 것이다. 미래예측을 직업으로 하는 미래학자들의 직업적 수명이 짧고 대부분이 실패로 끝나는 이유가 바로 거기에 있다. 그래서 미래예측에는 미래학자보다 차라리 점쟁이가 낫다는 말도 들린다. 세월이 많이 흐른 뒤에야 모든 것이 명확해질 것이다.

XII.

희망의 노래로서

조화와 순환

인류역사를 돌아볼 때 어렵지 않은 시대는 한 번도 없었고, 말세가
아닌 시대도 한 번도 없었다. 사람은 누구나 자신이 살았던 시대는
혼돈의 시대이고 격동의 시대였다고 말한다. 이는 사람은 누구나 자
신의 인생은 고통이 많았고 파란만장했다고 생각하는 것과 유사하다.
누구나 자기가 살던 시대가 말세였다고 생각했다. 지금도 술자리에서
한잔 걸치고 나면 으레 하는 말 중의 하나가 세상이 말세라는 것이다.
하지만 세상은 망하지 않았고, 앞으로도 망하지 않을 것이다. 그것은
이 세상에는 조화와 순환이라고 하는 자생적인 문제해결 원리가 존
재히고 있기 때문이다. 물론 눈앞의 사건만을 놓고 보면 그러한 원리
가 존재하는 것이 느껴지지 않는다. 그러나 긴 호흡으로 세상을 보게
되면 이 세상이 계속 유지되고 나아가 발전하는 이치를 발견할 수 있
다. 물론 이 세상의 변화가 모두 어떤 이치 또는 법칙에 의해서 완전
히 결정되어 있는 것은 아니다. 이 세상의 흐름에는 우연적 요소도
작용하고 있다. 역사발전에 있어서 법칙성과 우연성의 역할에 관하여
역사학자 아놀드 토인비는 자신의 저서 『역사와 세계와 인류』에서
조리 있게 지적하고 있다. 그는 정치, 경제, 사회라고 하는 인간사회

의 현상에는 법칙성이라든가 규칙성이 존재한다고 말하고 있다. 우리가 받아들일 수밖에 없는 세상의 법칙성은 기본적으로 주야의 반복적 순환, 계절의 반복적 순환, 세대의 순환과 같은 자연의 이치로부터 유래한다고 함으로써 노장의 사상과 일치하고 있다. 그러나 그는 동시에 인간사회에는 법칙성이라는 것에 전혀 해당하지 않는 그 무엇인가가 존재한다고 생각하였다. 그것이 바로 역사에 있어서의 우연성을 암시하는 것이다.[79] 자연의 현상과 달리 인간에게는 자유의지가 있고 이로 인하여 인간사회는 자연의 세계와 같이 완벽한 법칙성에 지배되지 않는다.

그렇다면 인간의 자유의지가 과연 얼마나 자유로운가에 대한 해답은 인간의 속성이라는 것이 얼마나 달라질 수 있는가에 의해서 결정될 것이다. 만약에 인간의 속성이라는 것이 기본적으로 주어진 상태로 남아 있다면 인간의 자유의지로 인한 인간사회의 변화 가능성도 기본적으로 제한될 것이다. 인류역사를 보면 기술적 발전에 의한 세상의 변화가 두드러짐을 느낄 수가 있다. 기원전시대의 인간이 오늘날 인터넷시대의 인간을 본다면 마치 현대인이 공상과학영화에서나 보던 우주인을 실제로 볼 때 느낄 수 있는 충격을 받을 것이다. 그러나 반면에 인간의 정신세계는 크게 변하지 않았다. 현대사회에서도 가장 영향력이 있는 종교와 사상의 최소 절반은 기원전시대에 이루어진 것이다. 그것은 인간과 인생의 본질은 달라지지 않았기 때문이다. 결국 인간사회의 변화에 있어서 인간의 자유의지가 작용하는 예측하기 힘든 부분이 존재한다고 할지라도 인간의 본성 자체가 크게

---

79) 아놀드 토인비, 『역사와 세계와 인류』, 집문당.

변하지 않기 때문에 세상의 변화는 기본적으로 이 세상을 지배하는 기본원리의 지배를 받는다고 할 수 있는 것이다. 그리고 이러한 기본원리의 기둥은 바로 조화와 순환이다.

우리가 조화와 순환의 원리를 믿는다면 이 세상에 대한 우리의 시각은 낙관적일 수밖에 없다. 인류역사 전체가 기본적으로 발전하는 경향을 보여 온 것은 바로 조화와 순환의 원리가 작용하고 있기 때문이고, 또한 현대사회의 문제가 해결될 것이라고 믿는 것도 그 때문이다. 때로는 어렴풋해 보이고 의심이 들기도 하지만 역사의 많은 사례들은 우리에게 희망의 메시지를 보내고 있다.

개인적 차원에서 사람들은 인생이라는 고달픈 과정을 가면서 많은 경험들을 한다. 인생의 많은 세월을 고민, 갈등, 근심, 걱정, 좌절, 분노, 슬픔 등 고통스러운 경험 속에서 보내지만, 가끔씩은 기쁨과 환희, 뿌듯함, 행복감 등을 느껴본다. 마치 장마철에 가끔씩 보이는 푸른 하늘과 맑은 태양 빛을 감미롭게 감상하듯이. 그래서 우리는 생을 포기하지 않고 살아가는 것이다. 이 역시 생명체가 생명을 포기하지 않게 하려는 자연의 섭리이다. 그렇기 때문에 고통은 반드시 끝이 오고 기쁨의 날이 찾아오게 되어 있다. 고통의 한복판에 서 있을 때에는 고통이 끝없이 계속될 것 같은 느낌을 받지만, 그것은 그저 느낌일 뿐이고 세상의 이치는 아닌 것이다. 또한 고통 없이 순탄한 시절역시 무한히 계속되는 것은 아니다. 세상은 특정인에게만 고통 없는 행복한 삶이 지속되도록 놔두지는 않는다. 이런 의미에서 이 세상은 평등한 곳이다. 달리 보면 사람은 고통을 통하여 깨달음을 얻고 인생의 깊이를 더하는 기회를 갖게 된다. 그런 의미에서 세상의 이치는 오묘한 것이고, 삶은 신비로운 것이다.

또한 자신의 출생환경이나 성품 및 재능은 모두 운명적인 것으로서 한 사람이 이 세상에 태어날 때 사회에서 그가 맡게 될 역할이 부여된 것이다. 따라서 자신의 타고난 운명을 긍정적으로 받아들여서 자신의 분야에서 보람과 기쁨을 느끼면서 생활하게 된다면 이것이 바로 행복한 삶인 것이다.

운명에 순종한다는 말은 진취성이 부족하고 도전의욕이 없는 삶이라는 뜻으로 흔히 해석되어 종종 비판의 대상이 되기도 한다. 반면에 운명에 순종한다는 말은 자신이 걷게 된 그 길을 긍정적으로 받아들일 수 있는 가능성을 제시하기도 한다. 이러한 긍정적인 해석은 사회의 조화라고 하는 이 세상의 이치를 이해하게 되면 훨씬 쉽게 받아들여지고 자신과 타인의 삶 모두를 이해하고 포용할 수 있는 중요한 정신적 기반이 발생하게 된다.

사람은 누구나 행복한 삶을 원한다. 우리가 돈, 명예, 권력, 사랑, 건강 등을 원하는 것은 그것들이 우리들의 삶을 행복하게 만들어줄 것이라고 믿기 때문이다. 그러나 행복한 삶을 얻기 위해서 진정으로 필요한 것이 있는데 그것은 인내와 만족이다. 인내는 현재의 고통을 참고 버텨서 내일의 기쁨을 맞이하기 위해 필요한 것이고, 만족은 현재의 내 삶이 결코 부족하지 않다고 하는 자족을 의미한다. 달라이 라마는 그의 흥미로운 저작 『행복론』에서 행복의 출발은 만족에서 온다고 말하고 있다.[80] 자기의 삶에서 만족을 얻기 위해서는 불필요한 욕심을 버려야 하고, 욕심을 버리기 위해서는 사회의 조화 속에서 자신의 역할을 운명적으로 받아들여야 한다. 타인과 자신의 삶을 비

---

80) 달라이 라마 · 하워드 커틀러, 『달라이 라마의 행복론』, 김영사.

교하면서 행복 또는 불행을 느끼는 사람은 결코 행복할 수 없다. 자신의 삶에 대해 만족하기 위해서는 자신의 운명에 대한 자기 확신이 있어야 한다. 그리고 그것은 세상의 조화원리에 대한 이해에 뿌리를 두어야 한다. 그런 다음 자기의 것이 아닌 것에는 마음을 두지 말아야 한다.

소동파의 시 「만정방」을 감상해보자:

달팽이 뿔 같은 헛된 이름과
파리 머리 같은 아주 미미한 이익 때문에
분주히 계산한다.
모든 일은 미리 정해진 것인데,
누가 약한 자이고 누가 강한 자인가?
한가한 몸이 늙기 전에
나를 다 놓아버려서 어느 정도는
자유분방하리라.
백 년 동안 날마다 취하여도
삼만 육천 번이네.

생각하나니, 얼마나 사는가?
근심과 비바람이 절반이다.
또 무슨 필요로
죽음에 저항해서 길고 짧음을 논하는가.
다행히 맑은 바람과 밝은 달을 바라보고 있으며,

이끼는 넓게 깔려 있고
구름의 장막은 높게 펼쳐져 있다.
강남은 좋을지니,
천 동이의 좋은 술과
한 곡조의 "만정방"을 부르자.[81]

자신의 운명을 받아들이고 자신의 삶에 자족하며 부질없는 집착을
버린 초연한 모습이다.

행복은 마음에서 느끼는 것이다. 행복은 외부적 조건에 의해서가
아니라 철저히 자기 마음의 상태에 의해서 결정된다. 천금의 재산을
가져도 마음이 괴로우면 불행한 사람이고, 단칸 셋방에서 오밀조밀
살아도 마음이 행복하면 행복한 사람이다. 불행한 사람은 자신의 마
음을 움직여야 행복해질 수 있다. 그런데 사람의 마음을 움직일 수
있는 방법은 긍정적인 생각을 하는 것 이외에는 없다. 자신에게 발생
한 일들 그리고 자신의 처지를 좋게 해석해야 한다. 그러면 마음이
조금씩 행복을 느끼는 쪽으로 변화하게 된다. 물론 이 같은 변화가
공짜로 되는 것은 아니고 계속적인 훈련이 있어야 한다. 이때 긍정적
생각의 중심에 "자족"이 자리 잡아야 한다. 자족하는 사람은 행복의
절반 이상을 이미 손에 쥔 상태가 된다. 그래서 역사적으로 널리 알
려진 현자들은 대부분 자족의 중요성을 강조하였다. 사람의 생애가
조화와 순환의 원리에 의해 흘러간다는 것을 믿어야 한다. 그러면 절
로 자족이 이루어진다. 그리고 마침내 행복을 느끼게 된다.

---

81) 스야후이, 『소동파, 선을 말하다』, 김영사.

김종천

독일 괴팅겐대학교(Uni. Goettingen) 경제학과 학사, 석사
독일 뒤스부르크 에센대학교(Uni. Duisburg-Essen) 경제학박사
뒤스부르크 에센대학교 동아시아경제연구소 연구원
서울시립대학교, 성신여자대학교 강의
아로인터내셔널 대표

『중도실용주의가 한국경제를 살린다』
『미래로 가는 경제산책』
『기술진보와 과학기술정책』
『독일의 중소기업정책』(공저)

순리가 세상을 바꾼다

초 판 인 쇄 | 2012년 9월 28일
초 판 발 행 | 2012년 9월 28일

지 은 이 | 김종천
펴 낸 이 | 채종준
펴 낸 곳 | 한국학술정보㈜
주   소 | 경기도 파주시 문발동 파주출판문화정보산업단지 513-5
전   화 | 031) 908-3181(대표)
팩   스 | 031) 908-3189
홈 페 이 지 | http://ebook.kstudy.com
E-mail | 출판사업부 publish@kstudy.com
등   록 | 제일산-115호(2000. 6. 19)

ISBN   978-89-268-3785-6 03040 (Paper Book)
         978-89-268-3786-3 05040 (e-Book)

이담 는 한국학술정보(주)의 지식실용서 브랜드입니다.